NIKKEI BUNKO 日経文庫

組織を強くする人材活用戦略

太田 肇

NB

日本経済新聞出版社

組織を強くする人材活用戦略――――【目次】

序章　プロ型組織だけが生き残る

「優良企業」の見えない壁

模範的な会社があります。かりにA社としておきましょう。人気企業なので、採用の倍率は毎年100倍を超えます。あらゆる角度から見て非の打ち所がない人材を採用し、充実した研修制度やメンター制度など手厚い教育システムでじっくりと優良社員に育てています。社内には360度評価、コンピテンシー、目標管理、役割給、業績連動型賞与といった新しい制度も一とおり備わっています。

社員同士の交流とコミュニケーションを深める公式・非公式な場も用意されていて、職場の雰囲気も良好です。社員はおしなべて勤勉で、離職率はきわめて低く、深夜に及ぶ残業や休日出勤もいとわず黙々と働きます。

それは当然のごとく業績にも反映され、A社は何十年にもわたって着実に成長を続けながら業界、いや日本の産業全体をリードしてきました。もちろんA社といえども経営環境の変化で逆風にさらされることはありましたが、そのつど組織や人事制度を見直しながら切り抜けてきました。

ところが近年、様子が違ってきました。業績がこれまでどおり順調に伸びず、不振が続くようになってきたのです。その原因として、企業の創造力、開発力、マーケティング力、営業力など人に起因するものが多いとわかっていながら、いくら手を打っても回復の兆しが見えてきません。これまでと違い、凋落傾向に歯止めがかからなくなってきたのです。

これはA社だけに見られる現象ではなく、かつて日本企業、いや世界の企業のなかでも模範とされた優良企業が、いま同じような壁にぶつかっています。

そして、それは日本の産業、社会の縮図でもあります。

国民一人あたりのGDP（国内総生産）を見ると、1993年にはOECD加盟国のなかで2位だったのが、2011年には17位にまで下落しています。このままいくと2050年には欧米諸国に水をあけられるばかりか、中国にほぼ並ばれ、韓国の約半分になるという予測もあります（英『エコノミスト編集部』）。

また労働生産性は、1990年には主要10カ国のなかで4位だったのが、2010年にはOECD加盟34カ国のなかで20位、主要先進7カ国のなかでは最下位となってしまいました。特にわが国の場合、「人」と「組織」の力がストレートに反映されるホワイトカラーの生産性が低いだけに、問題はいっそう深刻です。

さらに、国際競争力もIMD（国際経営開発研究所）のランキングによると、1992年には1位だったのが、2012年には59カ国中27位にまで後退しています。

そして、高いといわれ続けてきた日本人のモチベーションも、近年はきわめて低い水準にあることが明らかになっています。たとえばギャラップ社が2005年に行った調査によると、日本人のなかで「仕事に対して非常に高い熱意を感じている」人はわずか9%で、調査対象14カ国のうちシンガポールと並び最低です。逆に24%の人が、仕事にまったく熱意を感じていないばかりか、不満や反感さえ抱いているというのです。

「能力革命」と「モチベーション革命」

なぜ日本企業が、そして日本全体がここまで凋落したのでしょうか。最大の原因は、工業化社会からポスト工業化社会への移行です。具体的にはIT（情報通信技術）化をはじめとする技術革新、そしてハードウェアからソフトウェアへ価値が移ったことが大きな要因です。もちろんグローバル化やボーダーレス化もそれと深く関係しています。

ポスト工業化社会への移行は以前から徐々に進んできましたが、それが本格化し、ITが人間の能力に取って代わり、仕事内容や働き方まで大きく変えるようになったのは1990年代の後半あたりからです。しかも、そのスピードは加速度的に速まっています。

ポスト工業化社会に入って、人間に求められるものが根本から変わりました。それまで人間が行ってきた仕事の大半を占める単純作業、定型的な業務、正解の決まっている仕事はほとんどが機械やコンピュータに取って代わられます。しかも人間よりはるかに正確、迅速で、おまけにきわめて低コストでこなします。もちろん、依然として機械化、コンピュータ化が難しい単純作業もないわけではありませんが、それらは賃金の安い非正規労働者や途上国の労働者に回されます。

その結果として国内の正社員に残ったのが、人間特有の高度な能力を使う仕事です。彼らに求められているのは、独創性や創造性、勘やひらめき、感性、判断力や想像力、それに空気を読んだり、対人関係をうまく処理したりする能力です。これらの能力は少なくともまだ当分の間、機械やコンピュータが人間並みに身につけることはできないでしょう。

そして、これらの能力のもう一つの特徴は、受け身の態度や気持ちでは発揮されないということです。そのため、本当の意味で自発的な働き方と、質の高いモチベーションが必要になります。

こうした革命的な変化を、私は「能力革命」「モチベーション革命」と呼んでいます。

ホワイトカラー、ブルーカラーを問わず、このような能力とモチベーションを発揮できる人。それは、一言でいうならプロフェッショナル型の人材です。

では現状はどうかというと、社員のほとんどは能力やモチベーションの面ではもちろん、心構えや働き方の面でも正直いってアマチュアの域を出ていません。それでも従来は、標準的でバランスのとれた意欲と能力を備え、サラリーマン的な働き方をするアマチュア集団で務まったのです。いや、むしろそのほうが効率的だし、扱いやすかったのです。しかし今、それが大逆転し、プロでなければ役立たず、必要とされない時代がやってきたのです。

このようにいえば、一部のエリートだけが必要とされているかのように受け取られる恐れがありますが、そうではありません。ここでいう「プロ」は、技術者やデザイナー、会計士といった伝統的なプロフェッショナルとは違います。高いモチベーションとある種の能力を身につけ、それを仕事に応用できる人たちであり、資格や学歴は必ずしも要しません。意欲と能力を発揮する環境さえ用意すれば、大半の人にはプロとして活躍できる可能性が備わっているのです。

組織の枠組みを変えれば人は変わる

私はこれまで30年間、組織の中で個人の意欲と能力を引き出すにはどうすればよいかを研究してきました。そこからわかったことの一つは、「枠組み」を変えることの大切さです。

トップがいくら立派な理念を掲げ、意識改革を説いても、組織の枠組みを変えなければ人は変わらないし、組織の活力も生まれません。たとえ一時的には変わったように見えても、すぐ元に戻ってしまいます。逆に、枠組みさえ変えれば放っておいても人は変わるし、活力は生まれます。そして、それはいつまでも持続します。

実際、アメリカや中国、韓国などの企業はポスト工業化に適応するため、組織の枠組みを大胆に変えてきました。

かつてのアメリカ企業では、V・パッカードの『ピラミッドを登る人々』やW・H・ホワイトの『組織の中の人間』が描いているように、長期雇用の「組織人」たちがピラミッド型の組織で内向きの働き方をしていました。それが少品種大量生産の時代にマッチしていたからです。

しかし20世紀の終盤になると、産業構造の変化に合わせて組織改革が行われ、スリーエム、マクドナルド、ジョンソン&ジョンソンといった有名企業はシンプルで柔軟な組織を取り入れました（T・J・ピーターズ&R・H・ウォーターマン）。さらにシリコンバレーに象徴されるように、新たに台頭するベンチャー企業では、従来とはまったく異なる自由で開放的な組織をつくりあげました。それが先導役となり、アメリカ経済も1990年代には80年代の不況から見事に復活していったのです。

また、中国の国有企業といえば、かつては「鉄飯碗」（たたいても割れない鉄の茶碗）と揶揄されたように、強固な身分保障のもとで画一的な処遇と非効率的な経営が行われていました。しかし、「改革開放」後、特に90年代の後半以降は一転して海爾《ハイアール》、格蘭仕《ギャランツ》といった代表的企業が大胆な市場原理を組織の中に取り入れました。大企業においても実力を認められた人材は入社後3、4年で管理職に就き、40歳前後で部長になる――こうしたドラスティックな改革が中国企業の躍進をもたらし、中国経済の急成長を支えているといっても過言ではありません。

そしてお隣の韓国もまた、1997年のアジア通貨危機を境に、かつての日本型経営からアメリカ型経営へと舵をきったのです。その韓国を代表するサムスン電子では、2000年ごろから「脱純血主義」を看板に掲げ、世界各国から優秀な人材を大量に獲得するとともに、社内では思い切った抜擢人事を行っています。

これらの国々を見ると、改革のきっかけや方法はさまざまだし、取り入れている組織のスタイルも異なります。しかし、いずれの国々にも共通するのは、個人の意欲と能力を最大限に引き出す方向に組織変革を断行したことです。

対照的なのがわが国です。たしかに日本企業でも１９９０年代以降、分社化や成果主義の導入など、さまざまな組織改革、人事制度改革を進めてきました。非正社員比率も高くなり、子会社化などによって本体部分はずいぶんスリムになりました。しかし、重要な意思決定を行い、経営を左右するコアの部分はそれほど変わっていません。周辺部分の切り離しとマイナーチェンジの繰り返しでしのいできたからです。

思い切った改革が進まないどころか、なかには「成果主義を取り入れたら個人プレーが横行し、チームワークが消えた」とか、「組織をフラットにしたら管理職の負担が過重になった」「フレックスタイム制を導入したが、社内調整に不都合が大きい」というような理由で改革を逆戻りさせる例も目立ちます。

このような事例をよくみると、組織の枠組み自体は変えず、一部分だけを変えようとしたか、場当たり的・つぎはぎ的に改革してきたところに直接的な「失敗」の原因があるケースが多いようです。たとえていうと、家の骨組みを考えずに増改築したため、家がきしんでいるようなものです。

しかし、だからといって今の組織をすべて壊し、一からつくり直す必要はありません。リフォームのポイントさえ押さえておけば、実は組織は見違えるほど変えられるのです。まして、今いる人材を大幅に入れ替えることは不可能だし、その必要もありません。組織の枠組みを変えれば人は変わるものだからです。

大事なのは、将来を的確に予測しながら正しい方向に舵をきることです。その点、急成長する海外の企業でさえ変化の方向を正しくとらえていて、将来にわたり成長し続けられるとは断言できません。環境に恵まれ、たまたま成功しているだけで、風向きを正しく受け止めていない企業もあります。

日本企業としては、「いかに個人の意欲と能力を最高度に引き出し、組織力に結びつけるか」というところにターゲットを絞って組織を再設計すれば、国内はおろかグローバルな競争でも主導権を握れるはずです。

改革のポイント——DISCOとは

では、そのポイントは何でしょうか。

前記の視点から日本企業の弱点を直視し、反転攻勢のカギを探ってみました。すると、組織改革を進めるうえで羅針盤となる五つのポイントが浮かび上がってきました。

第一のポイントは、「分化」（differentiation）です。ポスト工業化、グローバル化が進むにつれ、組織を取り巻く環境は一段と多様になってきました。多様化した環境に適応するには、組織も人も多様な方向に伸ばさなければなりません。またIT化、ソフト化の時代には異質性こそが価値の源泉になります。とりわけ「分化」より「統合」に偏りがちな日本的風土のもとでは、意識的に「分化」を進める必要があるのです。

第二のポイントは、「自立」（independent）です。ポスト工業化社会に求められる能力、自発的モチベーションは、本当の意味で社員が「自立」しなければ生まれません。そこで、社員が「自立」するために必要な条件は何かを本書では指摘します。また、社員の独立や転職を企業の利益に結びつける仕組みづくりについても述べていきます。

第三のポイントは、タテ方向の「単純」（simple）化です。階層の多いピラミッド型組織は工業化社会の産物であり、社員を序列化し、組織と個人の活力を奪います。第一線で働く社員の能力を伸ばし、意欲を引き出すためにも、組織をフラットにすることが不可欠です。フラット化を進める際には必ず抵抗があったり不都合が起きたりもしますが、それは工夫すれば克服できます。

また、細かくランク付けする評価制度も序列化に手を貸し、社員を内向きの組織人にしてしまいます。組織も評価尺度も三つ程度のランクが理想です。本書では「単純」化を妨げてきた原因と向き合いながら、改革の方法を示していきます。

第四のポイントは、ヨコの方向に組織を「乱雑」(chaotic)にすることです。たとえば三種類以上のキャリアパスを乱立させ、さまざまなバイパスを設けることで個性が伸ばせるし、文字どおり自発的なキャリア形成ができるようになります。さらに変化の激しい業界では、キャリアパスそのものを廃止し、その時どきの適材適所で自由に動かすところも出てきています。また、生産的なコンフリクト(対立、摩擦)を引き起こし、それを創造や革新に結びつける仕組みを用意します。

第五のポイントは、組織を「オープン」(open)にすることです。今や、組織の壁は薄いほどよいといえる時代です。そこで、人のマネジメントもオープンにすることが迫られます。管理職の中途採用は適材を広い範囲から獲得できるだけでなく、レバレッジ(てこの原理)を利かせて社員の内向き体質や足の引っ張り合いをなくす効果があります。また、これからは枯渇する内部資源に代えて、低コストで無尽蔵に存在する外部資源で社員を動機づけるという新しい戦略が必要です。

以上、五つのポイントの頭文字をとって、私はこれをＤＩＳＣＯ（ディスコ）と名づけました。五つのポイントは相互に関連しています。したがって、それぞれを個別に取り入れるのではなく、一つのシステムとして導入し、組織の枠組みを変えれば個人の意欲と能力が最高度に引き出され、活力ある組織に生まれ変わるに違いありません。

本書では一応、企業組織を前提にしながら記述していますが、主な内容は企業だけでなく行政組織（役所）や教育組織（学校）、民間非営利組織（ＮＰＯ）、スポーツ組織などにも応用できると私は考えます。また、組織を新しくつくる場合はもちろんのこと、既存組織をリフォームする場合にも使えるはずです。いずれの組織も内外に問題を抱え、思い切った改革が迫られている今、本書がその指針になれば幸いです。

第1章　組織を「分化」する

[Differentiation]

1　21世紀の企業を担う人材とは

まず、これからの企業にとって、どのような人材が必要になるかを明確にしておきたいと思います。

「知恵勝負」の時代

21世紀の社会を象徴する言葉に、「ポスト工業化社会」「情報化社会」などと並んで「知識社会」があります。

この「知識社会」という言葉は、P・F・ドラッカーが1969年に著した本の中で使われています。彼は「過去20年間に、経済の基盤は技能労働から知識労働へと変わり、社会的支出の重心も財から知識へと変わった」と述べています。それから40年以上経った今日、知識が価値の源泉になるという意味ではたしかに「知識社会」全盛だといえましょう。

しかし、「人間に知識が求められる時代」と解釈すると、時代の趨勢を見誤る恐れがあります。なぜなら、その後インターネットなどの普及によって、技術的には当時と比べて格段に知識を手に入れやすくなったからです。

たとえば、大学の受験勉強で身につけ、入試で問われる知識や能力の大半は、インターネットでつながれたノートパソコンが一台あれば、人間に取って代わることができます。暗記物や計算問題はもちろん、文章の要約や和文英訳、英文和訳などもコンピュータでかなり正確にこなせるようになりました。外国人との会話も、自動翻訳機を使えば、ある程度は日本語で話せるようになってきています。

しかもコンピュータの能力は急速に進歩し続けており、「あと数年すると、人間の脳全体の計算パワーを超えるスーパーコンピュータが登場」(新井紀子)するそうですし、コンピュータが「2021年度までに東大に受かる可能性は十分ある」と予測する研究者もいるくらいです(平田育夫「一線越えたか電脳の侵食」2013年2月18日付『日本経済新聞』)。

そうだとしたら、これから人間に求められるのはコンピュータに代替されない能力だということになります。すなわち、知識そのものや、正解の決まっている問題を解く能力ではなく、独創性、創造性、勘やひらめき、判断力、推理力、交渉力、説得力といったパターン化できない能力です。それを一言で表すなら、「知恵」ということになるでしょう。

つまり、知識が大きな価値を持つ「知識社会」になると、人間には知識そのものが求められるのではなく、知識をつくる知恵が求められるのです。その意味では「知識社会」というより「知恵社会」と呼ぶほうが誤解を招かないのではないでしょうか。

もちろん知識が不要になるわけではありません。知識がなければ思考はふくらまないし、判断もできません。知恵を生む基礎としても知識が必要なのです。しかし、それはアバウトでよいでしょう。詳細な知識が必要な場合はネットで調べることもできるし、専門家の知識を借りればよいからです。

この「知恵社会」の特徴は、個人の意欲と能力のちょっとした差でも、仕事の成果に大きな差をもたらすということです。

単純な作業や、持っている知識で勝負するような仕事では、「できる人」と「そうでない人」が生み出す価値の差はたかが知れていました。いくら作業が速い人、計算が得意な人、物知りな人でも、普通の人の何十倍、何百倍の価値をもたらすことはまずありません。

ところが「知恵社会」では事情が違ってきます。たとえばソフト開発や製品のデザイン、企画、投資といった分野では、会社に対して何十億という利益をもたらす人がいるかと思えば、まじめにコツコツと努力していてもほとんど貢献できない人もいます。営業やサービスの仕事でもカリスマ○○と呼ばれるような人と、普通の従業員との間には獲得する利益に天と地ほどの差が出てきます。いずれも工業化社会ではあり得なかった現象です。

だからこそ、本当の意味で「優秀」な人材を引きつけ、能力・意欲を最大限に引き出す環境をつくらなければならないのです。

求められるのは「プロ型」の社員

二つめは、人材の活用や能力開発も「プロダクトアウト」から「マーケットイン」へとパラダイム（思考の枠組み）を変えていかなければならないことです。

工業化社会では、企業はとにかく「優秀」な人材を採用して囲い込み、それから体系的なプログラムに基づいて組織主導で能力を育成するのが普通でした。ところがポスト工業化社会で求められる創造性や勘、ひらめき、推理力といった能力はあらかじめ測定することが難しく、「優秀」か否かの見極めがしにくいので、極論すれば実際にやらせてみなければわからず、仕事の成果を通して事後的に評価するしかないのです。これまで当たり前のようにやってきた、「社員をあらかじめ評価し選別する」という方法そのものに限界があることを知っておくべきです。

そして、顧客や市場が求めている具体的な知識や情報は時々刻々と変化するので、社員の能力開発も、企業が組織として一律に行うだけでは不十分です。第一線で仕事をする社員がニーズを的確につかみ、自発的に行う「個人主導型」へと比重を移していく必要があります。

つけ加えるなら、このような能力観のコペルニクス的転換に対して、企業以上に大学を筆頭にした教育システムの反応が鈍いのが気になります。高学歴で資格や語学力も備えた「優等生」たちも、いったん離職すると再就職がきわめて難しい現実をもっと直視すべきでしょう。

三つめは、一人でまとまった仕事をこなせることです。

これまで人材のタイプやキャリアを「スペシャリスト」か「ゼネラリスト」かで分けるのが一般的でした。しかし、これから期待されるのはそのどちらでもありません。

プロダクトアウトの発想からすると、生産現場はもちろんのこと、事務や営業・販売などの仕事も、できるだけ細分化したほうが効率的でした（分業の原理）。そして、細分化された業務を担当するのが特定の分野の仕事に特化したスペシャリストであり、彼らを束ね調整するのがゼネラリストなのです。

しかし、みずから新しい価値を生み出したり、複雑な問題を解決したり、顧客の潜在的なニーズを汲み取ってそれに応えたりするには、ある程度まとまった仕事を単独またはチームでこなせる力が必要です。生産現場では、多様な仕様の製品をつくり、またトラブルなどの例外に対応するため、多能工や一人生産ができる人材、あるいは機械の操作に加えてメンテナンスもこなせる労働者が求められています。営業もまた単に売るだけではなく、コンサルタントの役割も兼ねた提案型、問題解決型の営業が行われるようになってきました。

わかりやすくいうなら、そこで求められているのは、労働者というよりはフリーランスか自営業に近い能力といえます。

この点が、スペシャリストやゼネラリストとプロフェッショナルの違いです。これからの時代に必要なのは、高度な技術や能力を用いてある程度まとまった仕事を単独、もしくはチームでこなせる「プロ型」の社員です。

モチベーションの「質」に注目を

ところで、前に掲げた独創性、創造性、勘、ひらめきなどプロに必要な能力には、共通する特徴があります。それは、強制や命令、やらされ感といった受け身では発揮されないということです。芸術家や作家に、いくら良い作品をつくるように命令しても無理なのと同じでしょう。したがって能力を発揮し、良い仕事をしてもらおうと思えば、本人の自発的なモチベーションを引き出さなければなりません。

つまり、工業化社会で必要な能力と意欲は、やらされ感、極端な場合は強制や命令でもある程度引き出すことができましたが、ポスト工業化社会に必要な能力と意欲の発揮は、本人の自発的な意思に任せなければならないのです。そこがとても重要なポイントであり、これまでの組織やマネジメントの設計思想を根本から見直すことが必要になります。

そこで注目すべきなのは、モチベーションの「質」です。

これまで私たちはモチベーションを「量」でとらえてきました。「がんばる」とか「全力で」「がむしゃらに」というような表現は、すべてモチベーションの「量」を表すものです。単純作業や手順の決められている仕事ならそれでよいでしょう。

しかし、経営の革新、新製品の開発、ビジネスモデルの構築、取引先との交渉等々の成否、競争の勝ち負け、企業の生死を分けるのは、突きつめると個人のモチベーションの「質」、つまりどれだけ知恵を絞り出し、本気で成果をあげようとしたかに行き着きます。

ところが厄介なことに、モチベーションの「量」と違って「質」は外から見えません。それだけに見過ごしてしまうことが多いのです。

商品の企画会議では社員たちが顔を紅潮させ、口角泡を飛ばせながら議論しています。新製品の開発チームでは、技術者が深夜までブレーンストーミングやＫＪ法で、アイデアを出し合っています。こうした姿を見ると、彼らは最高のモチベーションを発揮していると解釈し、経営者は満足するでしょう。けれども、そこに落とし穴があります。モチベーションの「量」でみれば百点満点でも、「質」に注目するとまだ十分ではありません。彼らはまだ、ありったけの知恵を出し切っているとはいえないのです。

その証拠に、議論に没頭していた連中も一歩会社の門を出ると、それ以上突きつめて考えようとはしません。まして私費をはたいて専門家に会いに行くとか、同僚を出し抜いてでも自分のアイデアを商品化させるといった行動はとらないのです。

やはり彼らは「サラリーマン」の域を出ていないのです。そこが起業家やフリーランスの人たちとは違うところです。

サラリーマンには、見えない「やる気の天井」があります。その天井を突き破るには、仕事の楽しさや面白さに加えて、個人的な「野心」や「野望」など従来のモチベーション論ではあまり深く語られなかった要素が重要になります。比較的小規模な創造や革新は、仕事の楽しさや面白さだけでも起こせますが、スケールが大きなものは一人ひとりの野心や野望から生まれます。実際、国内外を問わず成功した起業家やビジネスマンを見ても、多くの場合、野心や野望が成功に導く原動力になっています。

ところが理想、志、自己実現などの言葉はきれいな響きを持ち、周囲からも受け入れられやすいのに対し、野心や野望といった日本語には、やや利己的で危険なイメージがつきまといます。うっかり口に出せば反発を食らうこともあるので、本人も、またマネジャーをはじめ周囲もそれに言及するのを避ける傾向があります。それゆえ「きれいごと」の議論に終始し、動機づけについて死角をつくってしまうのです。

繰り返しますが、ポスト工業化社会では個人の意欲と能力の差が、仕事の成果、企業の業績に決定的な差をもたらします。本書の冒頭で問題提起したアメリカや中国、韓国などの企業との差も、源をたどれば、個人の本音の部分にどれだけ肉薄し、質の高いモチベーションと能力を引き出す仕組みが取り入れられているかの違いだといっても過言ではないでしょう。

以下、本書では「質」の高いモチベーションと能力を引き出すことを目標にしながら、組織づくりの方法を考えていくことにしましょう。

二段階のモチベーションアップ戦略

自発的で質の高いモチベーションを引き出すには、次に述べる二段階の戦略が必要だと考えられます。

動機づけというと、給与のアップや成果主義、やりがいのある仕事などを考えるのが普通です。しかし、いくら潜在的な意欲や能力がある人でも、健康や家庭に深刻な悩みがあると仕事に集中できず、本当のやる気は出ないものです。

そして、やる気が出るのを妨げている要因は、職場にもあります。したがって、本当のやる気、自発的なモチベーションを引き出すには、第一段階として、まずやる気が出るのを妨げている要因を見つけ出し、それを取り除かなければならないのです。

では、実際に何が社員のやる気を妨げているのでしょうか。

私は企業で働く人々を対象にアンケートやインタビューを行ってきました。「やる気がなくなったのはどんなときですか」という質問に対して、特に多くの人が挙げたのは、次の四点でした。

①長すぎる労働時間や休暇の取りにくさ

特に終わりの見えない残業や、自分の仕事を済ませても上司や同僚が残っていたら帰りにくい空気などは、仕事に対する態度を後ろ向きにさせます。私はそれを「ゴールの見えないマラソン」にたとえています。最初から全力で走ったら途中でバテてしまうので、おのずとエネルギーをセーブします。だからモチベーションの「質」、仕事の「質」を下げるのです。

②過剰な管理

必要以上に細かく管理されると、「やらされ感」が強くなり、仕事の中身よりも規則や命令に従うことに関心が奪われてしまいます。そして、仕事に対する「所有感」（自分の仕事であるという意識）が消えます。

③人事評価や処遇にまつわる問題

評価に対する不公平感や、それが処遇に反映されることへの不満があります。特に成果主義の導入にともない、同僚との間に納得できない差がつけられたという声が多く述べられていました。不公平感や不満があれば、自分の心の中で折り合いをつけようと手を抜くことは、心理学の「公平理論」（J・S・アダムス）でも説明できます。

④人間関係の問題

具体的には、上司との人間関係が最も多く、また同僚たちとのコミュニケーションの薄さやストレスを訴える者が少なくありません。ちなみに若者の離職原因のなかでも、人間関係の問題がいちばん多いことがわかっています。

ただ、これらを取り除いただけでは自発的なモチベーションは生まれてきません。そこで第二段階として、次のような条件が必要になります。「やる気が出たのはどんなときですか」という質問に対して返ってきた回答は、大きく次の二種類に集約されます。

ⅰ　仕事の楽しさ、面白さ、充実感、あるいは自律性や所有感（自分の仕事であるという意識）といった「内発的動機づけ」（E・L・デシ）にかかわる要因。

ⅱ　仕事によって達成できる夢、目標、野望といった「外発的動機づけ」の要因。

多少の個人差はありますが、これらが自発的なモチベーションをもたらしているといってさしつかえありません。日々の仕事が楽しく、やりがいがあることに加え、前述したとおり夢や目標によって長期的に動機づけられることが大切なのです。

ちなみに、ここに挙げた「やる気を出すのを妨げている要因」と「自発的なモチベーションを生む要因」は、有名なF・ハーズバーグの「衛生要因」（不満につながる要因）、「動機づけ要因」（動機づけにつながる要因）ともほぼ一致します。

モチベーションの「質」が問われるポスト工業化の時代には、まず「やる気を出すのを妨げている要因」を除去し、そのうえで「自発的なモチベーションを生む要因」によって動機づけるという二段階の動機づけが必要になってくるわけです。

だれだって「プロ」になれる！

ここまでの説明で、工業化社会の主役だったサラリーマン型の社員と、ポスト工業化に求められるプロ型の社員とは、必要な能力も、モチベーションの質もまったく違うことを理解してもらえたと思います。

しかし、だからといってプロ型の社員になるためのハードルは、決して越えられないほど高いものではありません。

プロ型の社員になるためには、一部の職種を除いて、特別な資格や学歴は必要ありません。一方、知恵はだれにでもあります。ただし、発想や思考方法、すなわち頭の使い方、鍛え方を大きく変えることが必要ですが。

ふり返ってみれば、自営業者や職人たちは昔から日常的に知恵を絞りながら仕事をしてきました。また彼らは、やらされて働くのではなく、自分の意思で自律的・自発的に働いていました。そして知恵と才覚に長けた者は財を築き、功成り名を遂げていきました。それが工業化社会の大量生産、規模の経済性を追求する過程で後景に退いてしまったのです。
ところが今、ＩＴなどの支援を受け、眠っていた人間の意欲と能力を再び沸き立たせる時代がきたといえます。

すでに述べたとおり、知恵はデジタル化できない、アナログ的な能力です。

少し前に「デジタルデバイド」という言葉がはやったのを覚えている人もいるでしょう。デジタル化の時代を迎え、幼いころからテレビゲームに親しんだ若者が雇用機会を得やすいのと対照的に、アナログ世代の中高年はデジタル化になじめず、雇用機会を奪われるという意味で使われました。

しかし、この言葉は今ではすっかり死語になったようです。それはＩＴの進化によってユーザーインターフェースが向上し、デジタルな知識や技術が乏しくても仕事ができるようになったためです。フェイスブックやツイッターを使いこなし、日常的にＥメールをやりとりしている高齢者も珍しくありません。

デジタル化がさらに進むこれからの時代には、ＩＴ機器はもっと使いやすくなるでしょう。そうなるとアナログ世代に再び活躍のチャンスがやってきます。デジタルな知識や技術をつくり出すものはアナログな思考なのですから。そして、アナログ的な思考力すなわち「知恵」は使い続けている限り年をとっても衰えないばかりか、むしろ発達することがわかっています。したがって、中高年が活躍できる時代がやってきたともいえるわけです。

社員にアナログ的な能力を身につけさせるには、座学を中心にした研修よりも、質の高い実務経験が大切です。やや古いですが、日本能率協会マネジメントセンターが2000年に主要企業の人事関連部門責任者を対象に行った調査があります。この調査では「現在から将来にかけて事業や担当部門の業績を劇的に上げることができる人材」について、効果が高い育成方法・施策は何かを聞いています。回答を見ると、「困難な事業の経験」「子会社などでの経営の経験」「経営計画策定への参画」「新規事業プロジェクトの経験」がいずれも3割前後を占めている一方、「社内ビジネスカレッジ」や「MBA取得など海外留学経験」は1桁となっています（複数回答）。

一言でいうなら、教えられるより自分で身につけることが必要になるということです。考えてみれば、それは当たり前です。教えられるような能力なら、ITが人間に取って代わるでしょう。教えられない、すなわち形式知化できない能力だからこそIT化できず、人間にそれが求められるわけです。

要するに、プロの社員にはとりわけ創造や問題解決のための「知恵」が重要であり、それは主に良質な実務経験によって磨かれます。組織再設計の前提として、このことを頭に入れておきましょう。

2 「分化」と「統合」のバランス

高度な分化が必要な時代に

社員を変えるには、組織の枠組みを変える必要があります。工業化社会に過剰適応したサラリーマン社員を、ポスト工業化社会に活躍できるプロの社員に変え、その能力を引き出すには、どんな組織にすればよいでしょうか。以下、それを説明していくことにします。

組織論には、古くから「分化」と「統合」という対立する概念があります（P・R・ローレンス&J・W・ローシュ）。

組織の中にはさまざまな部門があり、それぞれの部門が特有の環境と対峙しています。たとえば研究開発部門の環境は不確かで変化が激しく、逆に製造部門の環境は確実性が高く比較的安定しています。そのため各部門は、それぞれの環境に応じた特徴を備えなければなりません。研究開発部門には長期的な視野や独創性、柔軟な思考力を身につけた人を配置し、自由かつ柔軟なマネジメントを行う必要があります。

一方、製造部門には正確性や迅速性の優れた人を配置し、規律と統制に重点を置いたマネジメントが必要になります。また営業には、人当たりがよく交渉力やサービス精神のある人を置き、成果を意識させながら自律的に仕事をさせることが大切です。

したがって、複雑で多様な環境に直面している組織ほど、それぞれの環境に応じて「分化」した部門を抱えるわけです。しかも部門間の差異はいっそう大きくなります。その結果、一つの会社の中に、まるで違う会社のように異質な下部組織ができることもあります。

一方で組織は、全体の目的・目標を達成するために部門間の調整や協力が欠かせません。それが「統合」です。すなわち、組織には「分化」と「統合」のバランスが必要なわけです。問題は、そのバランスをどこに見出すかです。

企業を取り巻く環境は複雑化、多様化する一方です。

自動車や電機製品一つ取り上げても、少品種大量生産から多品種少量（変量）生産へとシフトし、製品ごと、仕様ごとに独自の市場や顧客層を相手にしています。サービス業や小売業も、多様化する顧客のニーズに応えられるよう、会社としては多様な人材と体制を整えておかなければなりません。また技術革新や流行のサイクルも、以前に比べると格段に短くなっています。

グローバル化の影響も見逃せません。企業が世界各地へ進出すると、現地の特性、ニーズに合った経営が必要になり、多様な人材が求められます。同じ技術者でもアメリカと中国、インドでは要求される能力、仕事内容はまったく異なります。マネジャーの役割も当然違ってきます。したがって、雇用・人事管理もまた、現地の風土や慣習、法制度、労働市場に合わせなければなりません。

それだけ「分化」の必要性が大きくなってきたわけです。

ＩＴ化で統合が容易に

一方で、ポスト工業化の時代には、それほど強固な「統合」は必要でなくなっています。

第一に、ＩＴ化によって周辺作業から解放された社員は仕事の守備範囲が広がり、一人である程度まとまった仕事を処理できるようになりました。サービスや営業の仕事では、従来は数人で行っていた仕事を単独でこなすケースが増えていますし、生産現場でも組み立て作業などで一人生産システムが普及してきています。歩調を合わせて一緒に働く共同作業の必要性がそれだけ減ったわけです。

第二に、そもそも統一性や画一性を要する仕事は、それを得意としている機械やコンピュータに任せればよいでしょう。そしてインターネットやモバイル端末などを活用すれば、「分化」しながらも容易に「統合」できます。会議を開いたり、直接会ったりしなくても、Eメールやテレビ会議などで済む案件も少なくありません。

このように、必要な「分化」と「統合」の均衡点が「分化」のほうへシフトしているのです。

こうした環境の変化を敏感に察知して組織を再設計している企業があります。

たとえば、リクルートは自社の業務が多様化するなかで、それぞれの事業環境に適した経営を行うため、2012年に社内のカンパニーを分社化しました。リクルート・ホールディングスにいるスタッフは分社化した会社からの出向扱いにしていることからも、「分化」への強い意志がうかがえます。

また、京セラのアメーバ経営、パナソニックの事業部制復活なども、多様な環境に適応する「分化」戦略ととらえることができます。そのほか、創造的な仕事に携わる社員や顧客サービスを担当する社員などは独立子会社に移し、そこでは独自のマネジメントを行っている企業もあります。

統合に偏る日本企業

けれども、このような企業は、わが国全体からみると、まだ少数派にすぎません。多くの企業では依然として「分化」より「統合」に重きを置き、企業別労働組合や、全社一括採用とゼネラリスト型人材育成の慣行など、わが国特有の事情もあって、環境からの要求に応えられるだけの「分化」は進んでいないのが現状なのです。

とりわけ個人レベルになると、「統合」への偏りがいっそう際立ちます。

ほとんどの会社や役所が今でも大部屋主義をとり、個人の職務分掌は一応決められていても、実際には課や係といった集団単位で仕事をするのが普通です。「ホウレンソウ」すなわち報告・連絡・相談が重視され、稟《りん》議制や全員一致制の会議が象徴するように、意思決定も個人ではなく集団で行われます。

正社員の勤務時間や働き方もおのずと画一的になり、海外で定着しているフレックスタイム制や裁量労働制、在宅勤務制、それに短時間正社員制度などはあまり普及しません。ちなみに、比較的導入しやすいフレックスタイム制でさえ、人事院が２００７年に従業員50人以上の企業を対象にした調査では、導入率が12・0％にとどまっています。

やはり、背後にある共有された価値観の影響は大きいのです。たとえば、わが国では「一丸となって」「一致団結して」といった言葉がまるで枕詞のように使われますが、これも長年続いた工業化社会の成功体験が社会のすみずみまで浸透していることを物語っています。

こう述べると、欧米企業でも近年の傾向として組織の団結や求心力を重視するようになったではないか、と疑問をぶつけられるかもしれません。しかし見逃してならないのは、欧米と日本では出発点がまったく違うということです。個人主義を重んずる欧米では、独立した個人が集まってきて仕事をしているというイメージであり、極端に「分化」しています。そのため共通の理念や目標を掲げたり、レクリエーションに力を入れたりしながら「統合」のほうに少し重心を移そうとしているのです。日本のようにもともと「分化」が小さい社会とはそこが決定的に違うのです。

たしかに一糸乱れぬ団結、統制のとれた職場は美しいですが、一方で「一丸」や「団結」という御旗のもとに、社員一人ひとりの意欲と能力の伸長・発揮が抑制されたり、組織の活力が奪われたりしていないか冷静に見極めるべきでしょう。

「チームワーク」の誤解

「統合」に偏るもう一つの原因は、「分化」と「統合」を対立軸で考えるところにあります。個人に裁量権を与えたり、人材の多様化を進めたりすると社員が自分勝手に行動し、組織としての一体感がなくなると考えるわけです。専門化を進めるとセクショナリズムに陥るのでは、と不安視する人も多く、成果主義を取り入れたところ社員の人間関係が悪くなり、目の前の成果を追い求めるあまり、モラルが低下したという声もよく聞かれます。

しかし、そこには大きな誤解があります。なかなか理解しにくいかもしれませんが、社員が利己主義に走ったり、チームワークがとれなくなったりするのは多くの場合、「分化」のし過ぎというよりは、「分化」の不徹底が原因なのです。あるいは後述するように「専門化」の方向に問題があるケースも多くみられます。ここでは前者について説明しましょう。

たとえば、成果主義をとり入れたら人間関係が悪くなったというケースをくわしくみると、仕事の分担や責任を明確にせず、あるいは仕事の配分に不公平があるなかで「成果」によって評価と処遇に差をつけているケースが多いことがわかります。そんな状態では「努力や貢献が正しく評価されていない」とか、「いつも自分が尻ぬぐいをさせられている」といった不満が出るのは当然でしょう。そして他人の仕事を手伝うのが当たり前になっていると、自分の仕事をとことん効率化しようとか、限界まで成果をあげようというモチベーションは湧きません。また、自然と他人任せにしたり組織にぶら下がったりする者が出てきます。

似た者同士だから、あるいはふだん一緒に仕事をしているからチームワークがよくなる、というのは、多くの場合、思い込みにすぎないということです。

それに対し、個々人の分担と責任が明確になっていたら、だれがどれだけ他人の手助けをしたか、組織のために追加的な貢献をしたかが一目瞭然になります。助けられた人は助けてくれた人に感謝するので、余裕があればお互いに助けようという気にもなります。また他人と力を合わせなければ自分の仕事も進まないので、自然と協力が生まれます。

「課業の専門化」から「人の専門化」へ

意味のある「分化」を進めていくためには、「分化」の仕方についても、これまでの概念を改める必要があります。

ここで、一つの考え方を紹介しましょう。

V・A・トンプソンという学者は「専門化」を「課業の専門化」と「人の専門化」の二種類に分けています。それぞれ、前述したスペシャリストとプロフェッショナルにほぼ相当しています。

組織が大きくなると、分業の原理によって仕事が細分化されていきます。これが「課業の専門化」であり、専門化するほど課や係といった下部組織が増えていくことになります。一方、「人の専門化」の例としては、医師の専門分化が挙げられます。外科→脳外科→脳神経外科というように、社会的なニーズが高度化するとともに新しい専門職が誕生するのです。

一般に、「専門化によってセクショナリズムが生じる」と批判されるのは、「課業の専門化」です。それに対して「人の専門化」では、組織の都合で決められた部署の垣根を容易に跳び越えていきます。たとえば、優れた技術者は開発、製造、営業といった部署を横断しながら仕事をします。そして、各自が自分の得意な分野で協力し合うので、高度なチームワークが可能になるのです。

役所の中には次のような例もあります。福祉の窓口が細かく分かれていて、訪れた住民がたらい回しにされるという問題がありました。そこで窓口を一本化するとともに、看護師、ケースワーカー、保健師といった専門家が事案ごとにチームを組んで対応することにしました。それによってきめ細かいサービスが効率的にできるようになり、住民の満足度も上がったそうです。

また、家を建てるときには大工、左官、内装業者、電気工事業者といった人たちが、だれに指図されるわけでもないのにみごとなチームワークを発揮しています。あるいはテレビ番組の制作現場でも、ディレクターや脚本家、それに照明、音声、録画などの専門家たちが互いに協力し合いながら番組をつくりあげています。さらにＩＴが普及した今では、専門分野の異なる技術者や研究者たちが、所属組織の枠を越えて開発プロジェクトに携わるケースも珍しくありません。

ここに紹介したいずれの例でも、メンバーは互いに協力し合いつつ一人ひとりの個性をうまく発揮させて役割分担しているので、仕事の能力や貢献度も明確になります。「あのカメラマンが撮ると画面が引き立つ」とか、「あのエンジニアが加わると開発スピードが格段に上がる」というように評価されます。だからこそメンバーは力を出し惜しみしないのです。

「課業の専門化」から「人の専門化」へ。その背景には、チームワークそのものの変容があります。工業化社会では、同じような知識、技能、経験を持った人たちが集まり、一糸乱れぬ規律のもとで働くのが理想的なチームワークでした。ところがＩＴ化、ソフト化が進んだポスト工業化社会では、知識や技術は容易にコピーできますから、極論すれば、同じ能力を持った人が複数いる必要はないのです。したがって、そこでは多様な能力、個性を持った人が協働することこそがチームワークだといえるでしょう。

「同質性に基づくチームワーク」から「異質性に基づくチームワーク」へと社会のニーズが変化しています。前述した福祉現場のケース、あるいは家の建築や番組制作のようなチームワークが、業種を問わずごく普通になってきているのです。

分化してこそ改革が進む

ところで、序章で指摘したように欧米や中国、韓国などの企業が1990年代以降、組織やマネジメントの改革を急速に推し進めたのに対し、わが国ではそれがなかなか進んでいません。「分化」の遅れは、その一因にもなっていると考えられます。

企業組織の中には営業部門や研究開発部門、企画部門のように比較的個人プレーがなじみやすい部門もあれば、総務部門や管理部門のように組織としての秩序や統制を優先させなければならない部門もあります。そして前者のような部門では、次章で述べる組織のフラット化、権限委譲、若手の抜擢なども行いやすいですが、後者のような部門ではなかなかそうはいきません。

そのようなとき、わが国では全社一律、社内の平等を優先し、改革が困難な部門に制度を合わせようとします。そのため、いつまで経っても改革が進まないのです。それぞれの部門が取り巻く環境の性質に応じた組織やマネジメントを採用できるよう「分化」すれば、改革ははるかにスピードアップするし、思い切った改革も可能になるはずです。そこで改革がうまくいけば、それをモデルケースとして、可能なところから他の部門にも広げていけばよいのです。

特にわが国では、社員の仲間意識やある種の一体感が会社を支えてきた半面、それが妬みや不公平感、足の引っ張り合いといった屈折したかたちで表れやすいという側面もあります。たとえば工場と研究所が同じ敷地内にある場合、出勤時間が不規則で給与水準も高い研究所の技術者に対して工場の技能労働者から不満が出て、それがモラール（士気）の低下につながることなどが挙げられます。欧米の企業と違って同時に一括採用され、また職種を問わず同一の企業別組合に属しているので、いっそう妬みや不公平感が生まれやすいのです。

大企業のなかには特定の分野を子会社化したり、カンパニー制を取り入れたりするケースが増えつつありますが、その背景にはこのような事情もあるのです。職種への一体感より会社への一体感が強いわが国では、仕事内容や環境の違いに適応した「分化」を進めるため、このように会社組織そのものを分離することが必要かもしれません。

3　多様性のある組織は強い

「戦略的ダイバーシティ」の段階へ

企業を取り巻く新しい環境のもとでは、組織レベル、個人レベル両方での「分化」がこれまで以上に必要になることを述べましたが、こんどは少し違う角度から「分化」の重要性を説明しましょう。

近年、雇用や人事管理の世界で「ダイバーシティ」（diversity：多様性）という言葉がよく使われるようになってきました。もともとマイノリティの問題を抱えるアメリカで生まれた運動ですが、近年はわが国でも社会が、そして企業が取り組むべき課題になってきています。当初は人種、性、宗教などが異なる人々をいかに包摂するかに関心が払われていました。わが国では、企業などが女性やハンディキャップを持つ人たちをどれだけ雇用し、活用できるかというのが現在でもメインテーマになっています。

ポスト工業化社会では、工業化社会におけるハンディキャップの多くが消滅します。たとえば力仕事でなければ、また会社で仕事をしなくてもよくなれば、女性を排除する理由も動機もなくなるはずです。宗教や生活習慣に応じた働き方を認めても差し支えありません。

そこで、ようやく国や社会にも社会的背景や価値観、能力などが異なる人たちに、働きやすく能力を発揮しやすい環境を提供しようという機運が高まってきたのです。

さらに次の段階として、多様性を包摂するという受け身の姿勢から、積極的に多様化を進めるという前向きな姿勢へシフトさせることを考えるべきでしょう。

ポスト工業化社会では、人種や性といった生物学的な多様性に限らず、性格、能力、価値観などが異なる人たちが組織の中に混在することにさまざまなメリットがあります。

一つめは、よくいわれるように、組織の創造性につながることです。

そもそも創造の大きな源は、異質なものの相互作用です。異なる視点、知識、感性が混じり合って「化学反応」が起き、そこから新しいアイデアが生まれます。シリコンバレーのベンチャー企業などは、その効果を期待して意識的に多様な人材を世界中から集めています。わが国でも製品開発やマーケティングに主婦の目線を取り入れるため、既婚女性を中途採用したり、パートタイマーから正社員に登用したりする企業が増えています。日本人にはない感覚や思考方法に期待して、外国人を積極的に採用する企業も目立つようになりました。

異能集団は環境の変化に強い

二つめは、環境への適応力が増すことです。

進化生物学者の長谷川英祐は、個々のハチやアリの「反応閾値」に注目し、その違いが集団にとって必要不可欠であることを説明しています。反応閾値とは刺激に対して反応する値であり、特定の刺激に対して敏感なアリもいれば、鈍感なアリもいる。そのため少数の幼虫がエサを欲しがっているときは敏感なアリだけが反応してエサをやればよいし、多くの幼虫がエサを求めているときには鈍感なアリも気づいて総動員でエサを与えるようになる、というわけです。

人間も同じで、たとえば顧客の顔色や態度に対する敏感さに差がある店員をそろえておけば、顧客の要求の強さや人数によって応対する店員の数が自然に増減できます。また、顧客の態度には鈍感でも、市場に変化の兆しが見えたとき、それを鋭く察知する人がいます。あるいは若者のセンスをつかむのが得意な人と中高年のニーズがわかる人、大胆な人と用心深い人、短期志向の人と長期志向の人というように、特定の情報に鋭く反応する多様な人材をそろえておけば、さまざまな環境要素に対する組織の感度がよくなり、早い段階で効果的な手を打てるのです。

情報化、ソフト化、グローバル化、ボーダーレス化の進展とともに、顧客のニーズは多様化し、変化が激しくなってきています。そのため、マーケティングはもちろん、そのほかの部門でも多様なニーズを迅速に察知できる体制が必要とされています。そして察知したニーズや情報に対し、多様な受け止め方ができ、いろいろな角度から対応策を考えられる組織でなければ生き残れません。ますます複雑化、多様化する環境に適応するため、異質な人材が不可欠なのです。

三つめのメリットとして、多様化は組織をタフでしなやかにする効果があります。

オリンピックやワールドカップ、ＷＢＣなどスポーツの国際試合を見ていると、日本チームの「内弁慶」ぶりがしばしば顔をのぞかせます。「全員一丸」をトレードマークにしたチームは、国内では強いが国際大会では力を発揮できないケースが多いようです。好調なとき、波に乗ったときは強いが、逆境に立つとチーム全体が消沈してしまいます。ところが、その中にマイペースな選手がいると、孤軍奮闘し、チームを救ってくれることがあるのです。

企業も同じです。高学歴の優等生集団で盤石にみえた企業が、一つの不祥事によってもろくも崩壊する例があります。社員が「金太郎アメ」だと、危機を事前に察知したり、機転を利かせて対応したりすることができないのです。逆に、ふだんまとまりがないようにみえる組織が、ピンチに陥ったとき、一人ひとりが思わぬ力を発揮して逆風をはねのける姿を目にすることがあります。

また、組織が生き残っていくためには、不調な部門があれば好調な部門が支えていかなければならないし、調子の上がらない社員がいたら元気な社員がカバーしなければなりません。つまり、企業のリスクマネジメント（危機管理）のためにもダイバーシティが必要なのです。

官僚的な体質が残る組織では、市民感覚や世論の動きに敏感な人を入れておけばリスクマネジメントに役立つし、ベンチャー企業や新興企業には大企業の総務畑出身のベテラン社員が数人でもいれば、暴走をチェックしてくれるでしょう。

ただ「ダイバーシティを推進しよう」という掛け声だけでは、なかなか進みません。そこで、制度や基準をつくることが必要になります。ちなみにローソンは、新規採用の半数以上を女性とする方針を守っており、新入社員の三分の一を留学生とすることもめざしているそうです（池田信太朗）。第4章でも述べるように、改革を後戻りさせないための大枠だけは制度化しておくべきでしょう。

八朔はなぜ腐りにくいのか

ところで、唐突ですが「腐ったミカン」のたとえ話をご存じでしょうか。かつての人気ドラマ「3年B組金八先生」の中で使われ、それ以来有名になった言葉です。ドラマでこの表現が使われた背景はともかく、箱の中に腐ったミカンが一つでもあると、ほかのミカンもすぐ連鎖的に腐ってしまいます。

同じように、職場にやる気のない社員が一人でもいると、ほかの社員にも伝染していきます。そして、まじめにがんばることが格好悪いといった空気が広がっていきます。

それだけならまだよいのですが、よどんだ空気の中で努力をしていると白い目で見られたり、足を引っ張られたりする場合が出てきます。「出る杭は打たれる」ようになるのです。

このような現象は多かれ少なかれ、どこの職場にもみられます。けれども、社員が「個人プレーに走る」ことの弊害に比べ、こちらは軽視されがちでした。ところが、よりレベルの高いモチベーションと能力の発揮が求められるこれからの時代には、「腐ったミカン」の存在が下手をすると企業にとって命取りになりかねないのです。

「腐ったミカン」はすぐに伝染しますが、同じ柑橘類でも八朔《はっさく》や夏ミカンはなかなか伝染しません。八朔や夏ミカンは外皮が分厚いので、ほかから影響を受けにくいからでしょう。

組織も同じです。かりに不満分子や有害人物が社内に存在したとしても、それが周りに悪影響を与えないよう、見えない防御壁をつくっておかなければなりません。また資質に欠ける上司がいたとき、その上司から部下を守る手段は必要です。別会社化やカンパニー制といった組織の分化だけでなく、自律的に働ける勤務形態、自分の意思で職場を異動できるFA（フリーエージェント）制度や、欧米のようなジョブ・ポスティング制度を取り入れるなど環境づくりも大切です。

オフィスを設計し直そう

さらに、オフィスの物理的な再設計も必要になります。

「分化」と「統合」、「隔離」と「相互作用」のバランスということを考えると、やはりわが国の現状は「統合」「相互作用」のほうに偏っているといわざるを得ません。

周知のとおり、日本企業のオフィスは大部屋でデスクの仕切りがありません。上司と部下、同僚同士が顔を突き合わせて仕事をする、世界でもまれなレイアウトです。欧米企業の場合、マネジャークラスは個室で働くのが普通だし、一般社員のデスクも隣席との間は衝立（パーテーション）で仕切られています。なかには仕切りがないオフィスもありますが、それでも隣席との間にあるスペースは日本と比べてケタ違いに広いので、プライバシーは守られています。ちなみに中国や韓国などの企業も、オフィス環境はどちらかというと日本より欧米に近いレイアウトです。

このような日本企業に特有のオフィス環境は、上司が部下の仕事ぶりを常に監視できるし、全員で気軽にコミュニケーションをとりやすく、したがって事務作業を効率的に進めたり、一丸となって仕事に取り組んだりするには便利な構造だといえます。また、部下や後輩が上司や先輩から気軽に仕事を教えてもらったり、見習ったりできるというメリットもあります。

しかし、じっくりとアイデアを練るとか、自分のペースで仕事をこなすのには不向きです。電話や話し声が騒々しいうえに、話しかけられたり、手元をのぞき込まれたりすると、どうしても集中力が削《そ》がれます。知的労働に不可欠な学習や情報収集、沈思黙考しているとサボっているようにみられ、上司からは「暇そうだな」と言われて、余分な雑用が回ってくることもあります。

逆にせわしなく電話をかけたり書類をたくさん作成したりしていると、よくがんばっているようにみられますし、隣がそうであると、少し焦ります。無駄な仕事がなかなか減らないのも、仕事を要領よくかたづけても先に帰れないのもそのためではないでしょうか。

要するに、日本企業のオフィス環境は、工業化社会における事務作業を前提にしたものであり、ポスト工業化社会に必要な質の高いモチベーションと「知恵」を引き出し、さらに異質性を基本にしたチームワークをつくるには、ややギャップのある状態が残っているのではないでしょうか。新しい時代に適応するにはオフィスを設計し直す必要があるでしょう。最もオーソドックスなのは、海外のオフィスよりやや低め、具体的にいうと30センチから50センチ程度の衝立で仕切る方法でしょう。しかし、日本企業の風土や仕事の進め方に合った別のスタイルを取り入れることもできるかもしれません。

その一つが、一部の企業で取り入れられるようになった、社員が固定した席を持たないフリーアドレス制です。社員は毎日、出社したら自分のパソコンやファイルワゴンを持って好きな席に座り、仕事をするという方式です。

フリーアドレスだと上司や同僚の目を気にせずに仕事ができるし、必要な人と必要なときにコミュニケーションをとりやすいというメリットがあります。また、異分野の人と一緒に仕事をすることで刺激と発想のシナジーも期待できます。しかし一方で、同じ部署やチームの人とコミュニケーションがとりにくいとか、隣に行くのにも離れるのにも気を使うといったデメリットもあるようです。人気のない上司の近くには部下が寄りつかないといった笑えない話もあります。

そこで推奨したいのは、ある中小企業で取り入れられている、八角形の壁で囲われたオフィスです。ユニークなのは、普通の企業とは反対に、全員が壁を向いて仕事をする方式です。135度という隣の席との角度は、集中するにもコミュニケーションをとるにもちょうどよい角度なのだそうです。そして、真ん中にテーブルを置いておけば、必要なときにミーティングをするのに便利です。

そのほか、一人で集中して仕事をするための部屋やデスクを用意している企業もあります。これらはあくまでも一例ですが、執務環境の面でも「分化」と「統合」のバランスを考え直すときが来ていることはたしかでしょう。

専門能力を伸ばし、活かすための工夫

雇用・人事面の施策としては、中途採用の促進、派遣や出向・請負の活用などで人材の異質化を図ることが重要です。それに在宅勤務やフレックスタイム、裁量労働制、個人が選択できるカフェテリア型の能力開発などを可能なところから取り入れていく必要があります。

また、社内の会議も全員に出席を求めるのではなく、議論に加わりたい者だけが出席するように慣例化すればよいでしょう。単なる連絡や周知のためならEメールで済むのですから。それによって自律性が身につくし、膨大な時間的無駄も解消されます。

このような改革を進めようとすれば、その過程で多少の摩擦やコミュニケーション問題が発生する可能性があります。したがって一時的にはマイナスになるかもしれませんが、少し長い目で見るとプラス面が上回るはずです。

ただ、これらはある意味で受け身の方策であり、必要条件ではあっても十分条件とはいえません。なぜなら、組織に貢献できる専門性や個性を積極的に伸ばすものではないからです。

そこで、さらに積極的に組織的価値を生む方向へ多元化を図っていくことが大切になります。「異質な個の相互作用を！」とよく言われますが、「朱に交われば赤くなる」で、相互作用ばかりだと、よい意味での尖った個性も薄れていくからです。

そのためには、日常の雑務や干渉からいったん「隔離」して専門性を高める必要があります。たとえば人事部門なら採用、評価、処遇など、それぞれ得意とする者を人材派遣会社、コンサルタント会社へ出向させるとか、大学との共同研究あるいは短期留学をさせるといった方法で専門能力を高めていきます。

もちろん学ぶ場所は社外に限りません。大企業の開発部門にいる人なら、社内の研究所で専門知識を学んだり、営業部門や販売子会社で顧客ニーズを肌で感じ取ったりするという方法もあるでしょう。いずれにしても、元の部署に戻れば「この分野では任せておけ」と言えるだけの力をつけることが必要です。

一定の期間を経て元の職場に戻ると、今度は「相互作用」の番です。「隔離」されて専門能力を身につけた一人ひとりが、それぞれの分野の専門家として組織やチームに貢献します。先に例示した家の建築やテレビ番組制作のようなイメージです。あるいは「専門家」としての視点から他の人たちに助言したり、状況に応じてリーダー的な役割を果たしたりします。そして、専門的能力を組織やチームに応用し、現場からのフィードバックを受けながら専門能力を修正し、ブラッシュアップしていくのです。

さらに一定の期間が経つと、現場での経験を踏まえながら再び「専門性の深化」に励みます。それを繰り返しながら異質性、専門性を組織の中に活かしていくのです。

これは、社会学者のE・アロンソンが学校教育用に開発した「ジグソー学習」という学習法を企業向けに応用してみたものです。これからはプロジェクトベースの仕事がますます増えていきます。メンバー一人ひとりを専門化して個性を伸ばすと同時に、その成果を組織に還元させるのに効果的な方法です。

ポイントは「隔離」と「相互作用」の組み合わせであり、それによって組織の「分化」と「統合」のバランスがとれるわけです。

4　いかに組織力へつなげるか

プロの力を結集する仕組み

環境が複雑化し変化が激しくなるほど、そして社員にプロ意識を持たせ、その意欲と能力を引き出そうとするほど、個人の力を組織力へつなげる仕組みづくりが難しくなります。

組織と個人の統合。それは組織論、経営学におけるメインテーマであり、アメリカを中心に、これまで多くの研究が蓄積されてきました。見方によれば、組織論や経営学の歴史そのものが「組織と個人の統合」の研究の歴史だともいえるくらいです。

そのなかでも代表的な理論として広く受け入れられてきたのが、D・マグレガー、R・リカート、C・アージリスなど「新人間関係学派」と呼ばれるアメリカの研究者によって打ち立てられたものです。

マグレガーは、個人が組織の繁栄のために努力する過程で自己実現できることを「統合の原則」と呼び、それが組織の中心的な原則であると主張しました。リカートもまた、社員が個人としてではなく、集団の一員として働くときに組織の機能が最も高い水準で発揮されると考えました。そしてアージリスは、全体と部分が密接に結びついたシステムの中でこそ、個々人の能力が最大限に発揮され、組織の生産性も上がると述べています。

要するに、彼らに共通するのは次のような考え方です。

組織の一員としての個人が、組織の目標を追求する過程で成長し、自己実現できる。また、組織は、それによって個々人の能力と貢献を最大限に引き出すことができる。そして、このような望ましい関係をつくるには、全体と個が密接に結びついた有機体のようなシステムが必要である。

このような統合のモデルを、私は「直接統合」と呼んでいます。「直接統合」は従来の経営環境にマッチしたモデルであり、ほとんどの企業は暗黙のうちに「直接統合」の考え方を取り入れようとしてきました。とりわけ「社員の団結」や「全社一丸」を志向する日本企業には、とてもなじみやすいモデルだと思います。

ところが、市場や顧客の要求が多様化するとともに、現場の社員への権限委譲が必要になり、プロとしての意識・能力を持った人材を要するようになると、「直接統合」のモデルが当てはまりにくくなります。すでに述べたとおり、従来よりも大きく「分化」しなければなりませんが、「直接統合」は「分化」を犠牲にしてしまうからです。

実際、プロ意識の強い社員を「全社一丸」という旗印のもとに一致団結させることは、彼らの能力発揮の機会を奪ってしまい、結果的に組織の利益にもつながりません。企業一家を看板に掲げて成功した過去の名経営者が、ハイテク産業や情報産業などの新しい企業で同じような経営を実践して失敗する例をしばしばみかけるのはそのためです。

市場・顧客が組織と個人を結びつける

人も組織もますます分化、多元化するポスト工業化の時代には、「直接統合」とは異なる統合の考え方が必要になります。

それは、組織の一員でありながらもプロとして自分の仕事に専念し、仕事で成果をあげることで組織に貢献するという考え方です。統合のプロセスが間接的なので、「間接統合」と呼んでいます。

69ページの図のように「直接統合」では個人が組織に参加した時点で組織と個人の目的は統合されますが、「間接統合」では両方がそれぞれの目的を追求します。そのため、当初は両方のベクトルは離れた方向を向いています。

しかし、個人は仕事で成果をあげるため、顧客や市場・社会の要求に応えなければなりません。一方、組織もまた顧客や市場・社会の要求に応えなければ生き残れません。そこで顧客や市場・社会を媒介に、組織と個人、双方の目的が調和し、両者が統合されるわけです。

具体的な例を挙げてみましょう。

技術者は自分の使命を果たし、専門仲間から評価されるため、会社の目標や目先の利益に貢献することよりも、研究や開発に専念しようとする傾向があります。しかし、社会的に、あるいは業界で技術者として評価されるには、顧客の潜在的なニーズや市場の動向を察知しながら研究・開発を進めなければなりません。一方、企業も顧客や市場のニーズに応えなければ利益をあげられません。そこで組織と個人の利害が一致し、双方のベクトルが合うのです。だからこそ企業は、たとえ短期的には会社の利益につながらないような研究でも認めることがあるし、少々の無駄な出費も容認しているのです。

また、プロ意識の強い営業マンは、会社の営業戦略に反しても顧客の利益を守ろうとする

直接統合と間接統合

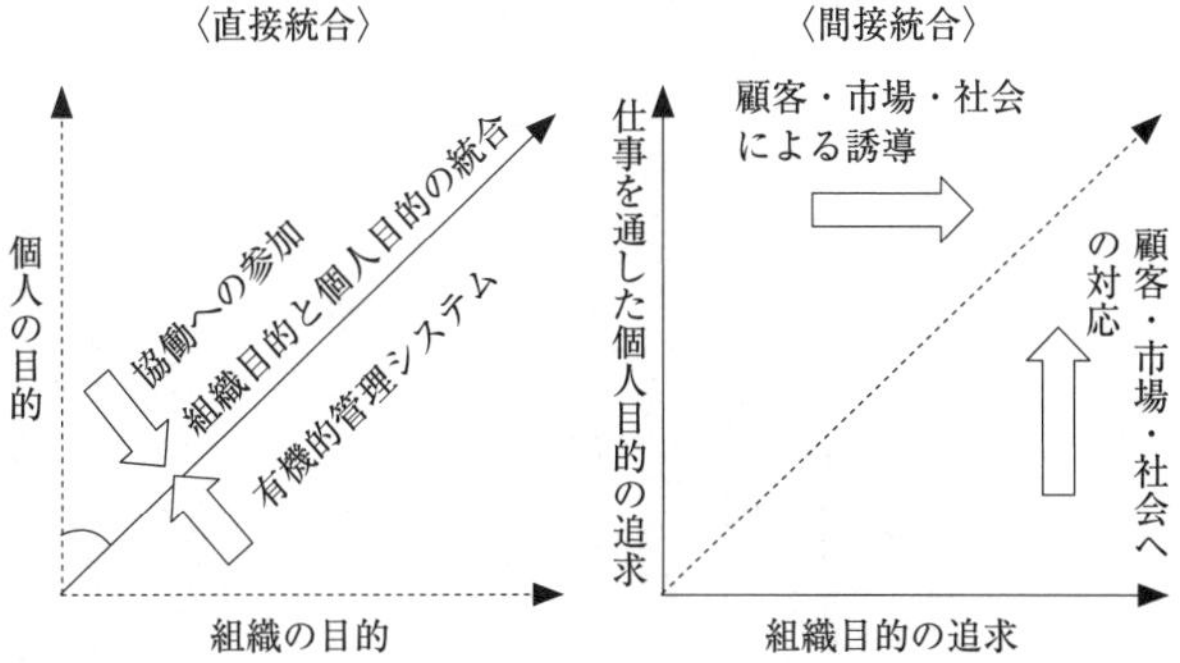

ことがあります。そして、ときには顧客を連れて転職していくケースもあります。当然、直接的には会社にとってマイナスですが、それくらい顧客の立場に立った営業をしてこそ顧客の信頼が獲得でき、それが会社の利益を支えているわけです。

要するに、経営者やマネジャーは長期的な視点で、また視野を組織の外にまで広げながら組織と個人のベクトル合わせをしていくことが必要なのです。

優れた経営者のなかには、「間接統合」の必要性を経験的に知っている人が少なくありません。

本田技研（ホンダ）の創業者、本田宗一郎氏はかつて、次のように語っています。

「皆が働きにくるのは、自分の生活を楽しみたいためで、会社のために働く人間は恐らくいないと思う。会社に働きにくるなら自分自身のために働きにこいといつもいっている。そういう人達が会社の発展を図ってくれるのであって、会社のためとか国の何々という愛国心はもう結構である」。（三戸公『公と私』180ページ）。

企業の中でも研究や技術、営業、マーケティング、財務、経理、企画といった専門的な職種で「間接統合」が有効なことは、統計データを用いた研究でも裏づけられています。「直接統合」に近いマネジメントを行っている企業よりも、「間接統合」に近いマネジメントを行っている企業のほうが、財務・収益力、環境・公正などの指標でも上回っています。また、仕事に対する満足度、ならびに会社の利益に貢献できているという認識も高いことが明らかになっています（拙著『仕事人《しごとじん》と組織』）。

個人の意欲や能力を活かすための「分化」が、結局は組織の利益にもつながるのです。そして今日、いっそうの「分化」が必要な時代に入ってきているのです。

第2章 自立なくして貢献なし

[Independent]

1　真の「自立型社員」を育てるには

雇用と自営の境界があいまいに

組織力を高める二つめのキーワードは"Independent"すなわち「自立」「独立」ということです。与えられた目標に向かい、脇目もふらずに突き進めばよい時代と違って、これからはみずから判断し自分の意思で行動する自立した社員でなければ役立たないし、独立できるくらいの実力がないと会社にも貢献できません。親が子離れしなければいけないのと同じように、社員に対して距離を置いた関係づくりが必要になっています。

そこで近年では、どこの企業でも社員に自立を求めるようになりました。「自立型社員」「自走社員」の育成を目標に掲げるところも目立ちます。しかし、そこで企業が描いている理想像と、これからの時代に求められる人材像との間にはギャップがあるように感じられます。

たいていの企業が描く「自立型社員」のイメージは、おおよそ次のようなものでしょう。上から命令や指図をしなくても、自分の役割を自覚して行動できること。さらには、会社を取り巻く環境や置かれている立場・状況を十分理解するとともに、上司の意向を忖度《そんたく》し、みずから提案したり、周りを巻き込んでプロジェクトを推進したりできること。

たしかに企業としては、このような人材が欲しいに違いありません。けれども、時代が必要としている「自立型社員」はもう一歩先にあるようです。

前章で説明したように、21世紀における組織と個人の望ましい関係は、個人が組織に溶け込み一体化した関係ではありません。個人が仕事を通して自分の目的・目標を追求し、それが組織の目的・目標の達成につながるような関係をつくるべきなのです。

それは個人の側からみると、組織が仕事をするための「場」、あるいは「インフラ」としての役割を果たしていることを意味します。実際、経営者のなかにも「愛社精神はいらない」とか、「会社は自己実現の場である」と公言する人さえ現れてきました。

一方、デザイナー、カメラマン、大工、左官といった、もともと独立自営で働いていた人たちが、みずから組織をつくったり会社に雇われたりして働くケースも増えてきました。そのほうが大きな仕事にかかわれるし、雑用を会社に任せて自分は専門の仕事に専念することもできるからです。

すなわちサラリーマンも自営業者も、無意識のうちに組織を一種の「インフラ」ととらえているわけであり、サラリーマンと自営業者との境界があいまいになってきているのです。

実際、企業にとっても個人にとっても、雇用されて働くか、自営の身分で会社と契約して働くかは、労働法や税制、あるいは国や地方からの補助金など制度上の有利・不利に左右されているだけ、というケースが多くなりました。つまり、政策によって働き方が左右されているにすぎないわけです。

現に、独立自営になるための制度面のハードルが日本に比べて低いアメリカでは、自分をフリーランスと位置づける人が2000年時点ですでに3300万人に達していて、これは労働者全体の四分の一にあたるそうです（D・ピンク）。そしてわが国でも出版、情報、広告、サービスなどの業種では、会社がフリーランスと契約して業務を進めるスタイルがここ数年の間にも急速に広がっています。したがってアメリカだけでなく、わが国でも実質的なフリーランスの比率は今後ますます高まるでしょう。

目標は社員を自営業の感覚で働かせること

このように雇用と独立自営との境界があいまいになってくると、「自立型社員」育成の目標も、おのずとそこに置かなければならなくなります。つまり、本気で社員を自立させようと思うなら、できるだけ自営業に近い感覚で仕事をさせることが肝要です。その意味では「半独立社員」と呼んだほうが、鮮明なイメージが描けるかもしれません。

自営業では、やったらやっただけの報酬が得られますが、やらなければまったく報酬が得られません。すべては自分の努力と能力次第です。好むと好まざるとにかかわらず、雇用労働者もその方向に近づくことは明らかです。

このようにいうと「成果主義」と同じなように思われるかもしれませんが、別のものです。いわゆる成果主義は、自分の仕事が選べないうえに仕事のプロセスも管理され、「成果」は上司によって評価され、報酬に差がつけられます。そこには、自発的な動機づけに有害な要素が含まれています。上司の目や評価を意識しすぎると、関心がそちらに移ってしまい、仕事に没頭できなくなるからです。さらに、それは「やらされ感」をもたらします。

それに対して自営業では、仕事の選択、やり方に制約はなく、報酬は成果についてきます。仕事のプロセスも成果も自分でコントロールできる分、モチベーションも高くなります。

そのことを示すため、特殊なケースではありますが、一つの事例を紹介しましょう。

家電・車両などのモデルを開発・製造するA社では、入社後2、3年経った社員はいったん退職し、会社と業務委託契約を結ぶ「社内独立」制度を取り入れました。会社の中で働いていても身分は自営業であり、基本的に労働時間の制約はなく、報酬は製品ごとに計算された原価の見積もりによって支払われます。この制度を導入してから生産現場では仕事量が約4倍に、個人所得は1・4倍に増加したそうです。

興味深いことに、制度導入前には新しい機械を使えなかった中高年社員が、導入後には驚くほど短期間に操作できるようになったそうです。中高年社員の意欲低下に悩んでいる企業が多いのですが、彼ら自身の問題というより、組織や制度に原因があるのではないかと考えさせる事例です。

自営業化が必要なのは金銭面より自由度や承認の面

もっとも、これはあくまでも一つのケースであって、どの企業にもこのような制度が導入できるわけではありません。業種や仕事内容、それに社員の意識にも制約されます。社員の生活がかかっている以上、ある程度安定した地位と給与を保障する必要があります。

また、多くの研究が明らかにしているように、金銭的な報酬による動機づけの効果はそれほど大きくありません。

前述したように、F・ハーズバーグは大量の面接調査に基づき、主として動機づけにつながる要因（動機づけ要因）と、主として不満に関係する要因（衛生要因）があることを明らかにしました。「動機づけ要因」は達成、承認、仕事そのものなどであり、「衛生要因」には対人関係や作業環境などのほか、「給与」が含まれています。つまり給与などの報酬は、それ自体がモチベーションにつながるというよりも、不足していたり不公平だったりしたときに不満をもたらすものなのです。

また、よく知られるように、A・H・マズローは人間の欲求を生理的欲求、安全・安定の欲求、社会的欲求、承認欲求、自己実現欲求の五つに分類し、階層をなすものと説明しています。給与など金銭的報酬は、これらの欲求のなかで特に生理的欲求や安全・安定の欲求など衣食住に関係する欲求との結びつきが強いと考えられます。そのため、社会保障が充実し経済的にも豊かになった社会では、金銭によって動機づけようとしても限度があります。

要するに、給与などの報酬制度は、それによって動機づけようとするよりも、不満や不公平感を与えないことに主眼を置いて設計したほうがよいのです。

そのことを考えたら、「自営業に近づける」のが理想だとはいえ、必ずしも自営業と同じような報酬制度にする必要はありません。むしろ大切なのは金銭的報酬以外の面でしょう。

具体的にいうと、働き方の自由度や仕事上の裁量権の大きさ、組織の中だけでなく外でも評価・承認を得る機会、努力と能力次第で青天井のキャリアが築けること、などです。これらこそ自営業の魅力であり、日本人のメンタリティにも合致します。「自立型社員」「自走社員」といった看板を掲げる以上、そこまで視野に入れて制度改革を進めるべきです。

2 「川下」で管理する

自由裁量と成果重視はワンセットで

ここまで読まれた読者のなかには、「何かが欠けている」と感じた人も多いのではないでしょうか。

たしかに、社員の意欲と能力を最大限に引き出すためには、もっと権限を与え、自由度を高めることは必要です。しかし、自由が放縦に流れ、収拾がつかなくなるのではないか、というのが経営者や管理職の懸念でしょう。

それはもっともであり、根拠のない性善説で自立させるのはあまりにも危険すぎます。社員の自由裁量を広げる以上、どこかでしっかりとチェックする必要があります。第1章で述べた「分化」と「統合」のバランスが必要なのと同じ理屈です。

そこで必要なのが、成果をしっかりみて、成果で管理することです。それこそが社員を自立させるための大前提だといってよいでしょう。

このようにいうとまた、「成果主義」を持ち出すのかと誤解されかねません。

しかし、成果主義と成果を重視することとは別のものです。繰り返しになりますが、成果主義は上司が部下の仕事の成果を評価し、評価結果に基づいて給料などの処遇に差をつけます。それに対し、ここでいう成果重視は成果をきちっとあげているかどうか、あるいは役割をしっかり果たしているかどうかをチェックすることであり、それによって処遇に差をつけるかどうかは別問題なのです。

つまり、成果に応じて報いる成果主義を取り入れるという選択肢もあれば、成果をあげたり役割を果たしたりしている限り、勤務時間や働き方を自由にするというようなマネジメントを取り入れることもできるのです。それだけ「成果や役割でしっかりみる」ということは大切なわけです。にもかかわらず、意外とそれができていないところが多いようです。

私は仕事の成果に近いところを「川下」、そこから離れたところを「川上」と表現しています。これまで日本企業は、態度や意欲、働きぶりといった「川上」で社員を評価し、管理する傾向がありました。仕事のプロセスを評価するときも、欧米企業ではプロジェクトがどこまで進捗しているか、顧客との交渉がどの程度まとまっているかといった点をみるのに対し、日本企業では今でも、どれだけがんばっているか、どれだけ熱意があるかといったところで評価しているところがあります。

これもまた工業化社会の名残だといえるでしょう。単純なものづくりの現場では態度や行動などの「川上」を管理しておけば、成果はおのずとあがります。いや、ミスをなくし、高品質で安定した成果をあげるためには「川上」をしっかり管理することが鉄則だったのです。

ところが、ポスト工業化社会では違います。創造や勘、ひらめき、判断、推理といった知的活動の場合、模範的な態度や行動をとれば必ず成果が出るとは限りません。そもそも「模範的」なるものが存在しないといってもよいのです。それどころか、「川上」を厳しく管理し、型にはめれば、自由な発想や臨機応変で気の利いたサービスをできなくしてしまいます。

別の言い方をするなら、知的活動における仕事のプロセスは頭の中にあるわけですから、頭の中を覗いて見ることができない以上、プロセスを評価したり管理したりすることは不可能なのです。したがって、好むと好まざるとにかかわらず「川下」、すなわち客観的な成果で評価し、管理しなければならないのです。もちろん何を「成果」とみるかは、職種や仕事内容により違ってきますが。

それだけではありません。人は自分のどこを見られているか、何を評価されているかを意識します。態度や意欲を見られていると思えば、態度や意欲をよく見せようと意識しながら仕事をするし、仕事の成果を見られていると思えば、成果をあげることに集中します。どちらが望ましいかは明らかでしょう。

集団作業には仕事の「見える化」を

ただ、成果で評価し、管理すればいいといっても、なかには成果がはっきり見えない仕事があります。

しかも、上司の目だけで成果を評価することにも限界があります。とりわけ日本企業では、個人の仕事の分担や責任が明確でないため（すでに述べたとおり、それ自体が問題なのですが）、個人の成果を把握しにくい状況にあります。同じ理由から、「成果につながるプロセス」もまた評価しづらくなっています。

そのような場合、次善の策があります。不特定多数の人の目を借りることです。

一人ひとりの貢献には正しく報いる必要がありますが、すでに述べたとおり、必ずしも金銭や地位といった目に見えるかたちで報いなくてもかまいません。たいていの人にとって、自分の貢献度が周囲から正しく認めてもらえれば、それだけでかなり満足できるからです。

もっともパートタイマー、アルバイト、派遣といった非正社員は例外です。非正社員の多くは給与のために働いているという意識が強く、そのため、貢献度の高さを認めてもらっても、それに報酬がついてこないと、かえって不満が強まるケースがあるのです。

一人ひとりの仕事ぶりや貢献度を多くの人に認めてもらうようにするため、仕事の「見える化」を取り入れたいと私は考えます。「見える化」という言葉は主に生産管理などで使われていますが、社員を動機づける手段としても使えるのです。

ただし注意しなければならないのは、「川上」すなわち社員の態度や行動に焦点を当てて「見える化」すると、単なる監視の手段になってしまい、動機づけにも逆効果になるということです。やはり「川下」、すなわち成果をあげるのにどれだけ貢献しているかという部分を「見える化」すべきでしょう。

ある会社の総務部門では、仕事の内容と成果を事業所の電子掲示板に載せ、社内の人ならだれでも見えるようにしました。たとえば福利厚生の担当者は、社宅の関連情報を自分の工夫によって充実させ、どの地域にどんな社宅があるかが一目でわかるようなシステムを掲示しています。そして、掲示板を見た人からは、活動に対するコメントや感想が寄せられる仕組みになっています。

また、コンサルタント会社のなかには、社員一人ひとりがどのプロジェクトに参加し、そこでどんな仕事を担当したかを明示しているところがあります。個々人がかかわった複数のプロジェクトをみれば、その人がどんな能力を持ち、どれだけ貢献してきたかがわかります。

このように職種や仕事内容に応じて工夫すれば、「川下」で管理する仕組みを取り入れることができます。それによって評価の公正さが担保されるというメリットもあります。

3　「巣立ちのパワー」を活かす

「青天井のキャリア」で、やる気も青天井に

「自立」の先に見えてくるのは独立や転職です。組織より自分の仕事にコミット（献身・没入）するプロ型の人材にとって、自分の可能性、潜在能力をより発揮できる場を求めて動くのは自然なことでしょう。

人間のモチベーションは、夢や目標の大きさに比例するといっても過言ではありません。「期待理論」（L. W. Porter and E. E. Lawler, Ⅲ）に当てはめれば［夢・目標の魅力］×［そ

の実現可能性」が、モチベーションの大きさを決めることがわかります。なお、大事なのは夢や目標の客観的な価値ではなく、本人がその夢や目標にどれだけ魅力を感じているかです。いずれにしても、実現できそうな夢や目標が大きいほど、モチベーションは大きくなるわけです。そして夢や目標に届くよう、みずから成長しようとします。

ところが現実には、今いる会社の中で持てる夢や目標は限られています。そこにやる気と成長の天井があるのです。「うちは将来にわたって社内で活躍してもらうため内部でじっくり育てる」という会社は多いですが、大半は端から見るとあまり育っていません。むしろ内部の空気に染まって、意欲も能力も頭打ちというケースが少なくないのです。

逆に、将来の独立や転職を見据えている社員は、乾いた砂が水を吸い込むようにみずから学び、成長していきます。身につけた知識やノウハウ、仕事の姿勢などがそのまま夢や目標につながるわけですから、成長しようとがんばるのは当然でしょう。そして視野が会社の外にまで広がり、社会性や自覚、責任感も自然と身につきます。

居酒屋やラーメン屋などの外食産業では、社員として実績を積み、実力を身につけたら独立できる「のれん分け」の制度を取り入れているところが多く、独立する際には経営のノウハウを教え、資金や人員などの面でも支援しています。

同様の制度は他の業界にも広がっています。急成長している大手ホテルチェーン、スーパーホテルの従業員は会社と契約した個人事業主で、彼らの多くは将来自分の店を持ちたいという夢を持っているといわれています（黒岩健一郎ほか）。さらに家電量販店、カー用品店や建設業のなかにも、独立して自分の店を持つのを支援する独立支援制度を導入するところが増えています。

こうした制度を取り入れる会社が増えているのは、いうまでもなく会社にとってメリットが多いからです。

その一つは、やはり社員のモチベーションアップです。将来自分の店が持てるというのは魅力で、努力次第でどんな店にでもできるのだから、夢は無限大になります。しかも夢の実現を会社が支援してくれるのですから、夢の実現性も高まり、モチベーションが上がって当然です。実際、これらの制度を取り入れている職場を覗くと、従業員の働き方が違います。20歳そこそこの若者でも、雇われて働いているというより、自分の店を背負って働いているという感覚が伝わってきます。

給料などの待遇は、正直なところそれほど恵まれているとはいえません。おまけに残業も多く、仕事はハードです。それでも彼らが猛烈に働くのは、がんばって働いて実力をつけ、成果をあげることが夢の実現につながると、はっきりわかっているからです。独立を夢見て働く若者のなかには、「給料をもらいながら仕事を学んでいる」と割り切り、あえてハードな仕事に挑戦している者もいるようです。

社員が巣立つと活気が生まれ、人間関係もよくなる

このように独立の機会を設け、支援することは、会社にとってほかにもたくさんメリットがあります。

第一に、もともと意欲のある優秀な人材を採用できることです。ビジネスマンとして成功した人のなかには、最初に就職した会社で骨を埋める覚悟をしていたのではなく、大きな夢を抱いていて「とりあえずここで働いてみよう」というつもりで就職した人が少なくありません。会社の枠を越えるスケールの大きな人材を採ろうとすれば、転職や独立をタブー視しないことが必要でしょう。

第二に、転職や独立の夢を持たせれば、給料が働きに見合っているかどうかといった損得勘定抜きで働いてくれることが期待できます。

第三に、独立後は仕事のパートナーとして、あるいは応援団として元の会社を助けてくれ

ます。仕事の取引をするにも気心が知れていて、しかも相手は恩義も感じてくれているので、会社にとって好都合なのです。

第四に、優秀な人材がスピンアウトすることで後に続く者に活躍のチャンスが広がり、次々と人材が成長していきます。プロ野球でもスター選手に大リーグ移籍を認めている球団には、チャンスを求めて優秀な選手が入ってくるし、スター選手が抜けても穴を埋める選手が確実に育っています。そのため一時的には戦力がダウンしても、少し長い目で見ると決してマイナスにはなっていません。

そして第五に、ベンチャー企業や情報系企業をみていてもわかるように、意欲と能力のある人材が次々に巣立っていく組織には活気があります。おまけに人間関係も良好です。社員の関心が、組織の内側ではなく外を向いているからです。外に大きな夢や目標があると、社内でつまらないことにこだわったり、他人の足を引っ張ったりしなくなるのです。

もちろん会社にとっては、優秀な人材を手放したくないという思いもあるでしょう。そこから、辞めるかとどまるかの緊張関係が生まれます。マネジャーにとっては真剣勝負を迫られるわけであり、それがマネジメントの質を向上させることにもつながります。

実は強い、若者の独立志向

「今の会社に一生勤めようと思っている」人が55・5％で、1998年（23・7％）に比べ倍増しています。逆に「きっかけ、チャンスが有れば、転職してもよい」という人は1998年の46・8％から2013年は31・3％にまで減少しています。これは、日本生産性本部が2013年春に行った新入社員に対する意識調査の結果です。この調査結果からは、独立や転職をめざす若者は減っているように見えます。企業の現場でも、若者の定着志向はここのところ強くなっているといわれます。

しかし、意識というものは環境に応じて変わるものです。社会経験の少ない若者の場合はなおさらです。「定年まで働きたい」という人が増えたのは、景気低迷の影響で独立や転職で成功するチャンスが減ったと受け止めているからでしょう。つまり独立や転職をせず、定年まで働いたほうが得だと考えているためなのです。したがって「定年まで働きたい」と思っている人も、雇用状況が改善したり、企業の雇用制度が変化して社内にとどまるより独立や転職をしたほうが有利になったりすれば、独立や転職をめざすようになる可能性があります。

それを裏づける別の調査があります。三菱UFJリサーチ&コンサルティング「2013

年度新入社員意識調査」では、リーマン・ショック後の２００９年から２０１２年までは「定年まで同じ会社で働きたい」がほぼ三分の二、「自分にもっと合った会社があれば転職したい」がほぼ三分の一という比率だったのが、雇用情勢改善の兆しがみえた２０１３年の調査では、両者がほぼ拮抗する割合になっていました。直近の調査では転職志向が明らかに上向きになっているのです。

また別の調査によると、正社員・正職員の四割弱が将来「独立して仕事をしてみたい」と答えており、現在またはいずれ転職したいと考えている人も30代前半以下では六割以上に達しています（リクルート　ワークス研究所「ワーキングパーソン調査２０１０」）。

では、若者たちは具体的にどんな独立の夢を持っているのでしょうか。現役の社員に直接聞くことは難しいので、学生に「将来どんなキャリアを築きたいと思っているか」を聞いてみました。返ってきた答えのなかから一部を紹介しましょう。

「銀行で海外勤務し、国際金融のプロになりたい」
「コンサルタント会社に勤めたあと、独立して自分の会社をつくりたい」
「店舗で働いて店の経営を学び、いずれはナイトクラブの経営者になるのが夢」

「ホテルに就職して結婚式や披露宴をサポートする仕事を経験し、それから独立してブライダルプランナーになりたい」

30〜35歳でキャリア選択の機会を

ところで、本来のプロフェッショナルといえば会計士、弁護士やコンサルタントなどが代表的職業です。アメリカでは、彼らが所属する事務所やコンサルタントファームには"up-or-out"すなわち「一定の期間内に昇進できなければ辞める」という原則があります。もっとも近年は少し緩やかに"grow-or-go"と呼ぶところが増えているようですが(M. E. Domsch and E. Hristozova, eds.)。

昇進できなければ辞めてもらうというのは社員にとって厳しいし、わが国ではたとえプロフェッショナル・ファームでさえ、ルール上、退職を強いることはできません。

ただ、これからは一般の企業でも「仕事や成長よりとにかく雇用優先」という価値観が徐々に薄れていくでしょう。そして、組織と個人の双方による暗黙の合意に基づくかたちで、「昇進できなければ転職・独立する」、あるいは「今の会社で成長できなくなったときには転出する」という慣行が草の根的に広がる可能性があります。社内で活躍する機会がなければ、転出したほうが会社にも、また本人にもプラスになるケースが少なくないからです。

会社にとどまっていても活躍できる可能性がなくなれば、モチベーションは確実にダウンします。自分のモチベーションが下がるだけならまだよいのですが、目標がなくなった者、不満を抱えた者は、組織の空気を悪くしたり、他人の足を引っ張ったりすることが多くなり、それが会社にとっていちばん有害です。

一方、本人の立場からすると、昇進できない理由は、もしかしたら今の会社が自分に合わないだけかもしれません。だとしたら、少なくともやりがいや自己実現のためには、自分に合った働き場所を求めて独立や転職の道を選んだほうがよいでしょう。

リクルートではかつて「40歳までにはスピンアウトする」という不文律のようなものがありました。もちろん退職が強制されているわけではありませんが、社員たちはそれを目標として研鑽に励み、ビジネスを推進したのです。「卒業生」のなかには企業経営者のほか、政界や教育界、学界などさまざまな分野で活躍している人がいます。

このような企業は特殊な業界の例外的なケースとみられてきましたが、本格的なポスト工業化の時代に入るこれからは、人材活用における一つのモデルになるのではないでしょうか。

そこで私は、入社後5〜10年の間を「適職選びの期間」とするよう提言しています。その理由を以下に記しましょう。

新入社員が一人前になるまでに必要な期間として、ほぼ三分の二（68％）の企業が「3〜5年」と答えています（産労総合研究所「ホワイトカラーのキャリア開発支援に関する調査」2007年実施）。また企業の管理職や人事担当者の集まる場で、入社後どれくらい経ったら独立・転職できるかを話し合ってもらったところ、ホワイトカラーの場合、職種に関係なく5、6年という声が多かったのです。

しかし人材育成にそれなりの投資が必要な会社では、「5、6年で辞められると痛い」と言っています。では、どれくらいの期間在職すると元が取れるかを探ったところ、おおむね10年程度というのが現実のようです。

一方、転職市場では、年齢の上限を35歳までとしているケースが多いといわれます。

これらのことを考え合わせたら、かりに独立や転職をするなら30〜35歳くらいが会社と個人の双方にとって比較的望ましいといえるのではないでしょうか。

そこで30〜35歳をめどに、会社と社員が本人の適性と可能性を見極めながら、社内で働き続けるか、独立や転職する道をめざすかを選択させるようにするとよいでしょう。このように「適職選びの期間」を明示し、組織と個人が認識を共有することによって、社内にとどまるにせよ転出するにせよ、自立と緊張感のある関係が築けるはずです。

「やめたら損だから」はモチベーションの大敵

独立や転職をしても企業と社員がWin-Winになるような関係を築くうえで、最大の障害は、なんといっても年功賃金です。世間には「年功制は崩壊した」という声もありますが、実際はほとんどの企業で年功制の大枠がまだ残っています。統計的にみても男性の場合、50代前半まで賃金は上昇を続け、50～54歳（４２４万円）の平均年間賃金は20～24歳（２０１万円）の2倍強に達しています（厚生労働省「平成24年賃金構造基本統計調査」）。

この年功制のもとにおける給料（賃金）と貢献度の関係をわかりやすく表したのが、Ｅ・Ｐ・ラジアーのモデルです。

若いうちはいくら貢献度が高くても給与は比較的低く抑えられているので、給料は貢献度を下回っています。たとえていうとその間、社員は会社に貯金をしていることになります。それが40代くらいで逆転し、それ以降は貢献度を上回る給料を受け取ります。そして、定年まで勤めてやっと帳尻が合うわけです。社員からすると、定年まで勤めないと元が取れないので、少々不満があっても会社にとどまらざるを得ません。

このような制度が広く普及したのは、産業革命の時期や日本の戦後の高度成長期という大量の労働力を必要とするときに、不足しがちな労働者を社内に囲い込み、育成するシステムとして有効だったからです。また仕事の生産性は熟練や経験年数とかなり相関するので、年齢とともに給与が上がる制度には、ある程度の経済合理性もありました。年功制は、まさしく工業化社会の産物なのです。

したがって、そこで想定されている社員のモチベーションもまた工業化社会に特有のものといえます。途中で辞めると損だから今の会社で働き続ける、というのは受け身で消極的です。「大過なく定年を迎えられた」という挨拶などは、そのような働き方をまさに象徴しています。決して質の高いモチベーションとはいえません。それでも普通の仕事を安定的にこなす分には、かまわなかったのです。

しかし、ポスト工業化社会に必要な自発的モチベーションには、この「受け身」の姿勢が大敵です。「大きな目標に挑戦しよう」「現状を変えてやろう」「プロとして一流になろう」「成果をあげて周囲をアッと言わせよう」といったモチベーションが、そこから湧くことはないからです。

しかもポスト工業化社会で重要な創造性や判断力、感性といった能力は、年齢や経験年数に応じて確実に高まるというわけではありません。その分、年功的な賃金曲線と生産性との乖離は大きくなります。それだけ経済合理性が薄れるのです。

有能な人材の活用には「短期に清算する人事」が不可欠

そこで必要になるのが、「定年時に帳尻を合わせる人事」から「短期に清算する人事」への切り替えです。かりに35～40歳くらいで辞めても、会社も個人も損をしない給与体系に切り替える。具体的にいうと、各年齢層における給料と貢献度の乖離を小さくするわけです。

人間の心情として、「辞められない」と思えば働き方が受け身になるばかりか、会社への不満も高まります。ところが「いつでも辞められる」と思うと不満が消え、会社に対する積極的な帰属意識や愛着も湧いてくるものなのです。

それだけではありません。第１章で述べたダイバーシティ（多様化）がわが国で進まない原因の一つが、定年まで勤めてはじめて帳尻が合うこの報酬制度です。

わが国では、依然として結婚や出産を機に退職する女性が多数います。会社としては、早期に退職されると採用・育成のコストが回収できません。そこでいろいろと理屈をつけて、女性の幹部登用に拒否反応を示します。これではいくら法的に男女差別を禁止し、政府が普及啓発をしても、事態はなかなか改善されません。

また外国人のなかには、日本企業で働いて技術を身につけたら帰国して会社を起こしたり、母国の企業で働く計画を立てたりしている者が多くいます。日本経済新聞社が日本の大学・大学院へ留学している外国人学生に対して行った調査によると、卒業後に日本での就職や研究を希望する者は50％に達しますが、日本にとどまる理由としては「将来母国で就職する際に有利になるから」が34％で最多でした（2012年1月4日付「日本経済新聞」）。特に意欲的な若者ほど、猛烈に仕事をする代わりに転職・独立志向も強いということです。

しかし、日本企業が長期雇用を前提にしているかぎり、彼らの意欲と能力を活用することが難しいのです。

このように、多様な社会的背景やキャリア志向を持った人、正社員と非正社員が一緒に仕事をする機会が増えてくると、公平性や納得性を得るためにも制度の見直しを迫られます。

異次元のモチベーションを引き出すためにも、ダイバーシティを推進するうえでも、「短期で清算する人事」への切り替えは企業にとって避けて通れない課題でしょう。

第3章 組織のタテ方向はシンプルに

［Simple］

1　組織は三階層がベスト

フラット化は時代の必然

組織といえばピラミッドのような形をイメージする人が多いと思います。わが国の大企業や役所の組織はたいていがそうです。しかし、アメリカの会社や役所で組織図をもらってすぐに気がつくのは、組織が整然としたピラミッドの形をしていないことです。Director, Managerといった簡単な役職だけが載っていて、日本のように複雑な階層になっていません。

そのアメリカでも、かつてはそうではありませんでした。W・H・ホワイトの『組織のなかの人間』やV・パッカードの『ピラミッドを登る人々』に描かれているように、少なくとも1960年代あたりまでは、組織といえば階層の多い典型的なピラミッド型だったのです。

組織がピラミッドのような形をしているのは、「統制の幅」(span of control) があるためです。かりに1人の上司が5人しか管理できないとしたら、第一線で働く人が500人いると、その上に100人、そのまた上に20人、さらにその上に4人、そしてトップと五つの階層が必要になります。第一線の人が5000人なら七つの階層が必要な計算になります。

ただ、「統制の幅」すなわち1人の上司が管理できる人数は最初から決まっているわけではありません。厳しく管理しようとすれば人数が少なくなるし、部下の裁量範囲を広げるなら多くなります。また、仕事の内容や進め方にも左右されます。

一般に、工業化社会では一糸乱れぬ規律と統制が重要なので、「管理の幅」は小さくなります。したがって階層の多いピラミッド型の組織が必要だったのです。

ところがポスト工業化の時代になると、厳しい規律や統制はあまり必要でなくなります。したがって「統制の幅」が広くなり、1人の上司が多数の部下を管理できるので、組織の階層は少なくて済みます。また、管理職の役割の一つは情報の伝達や媒介ですが、ＩＴ化が進めばその負担が減ります。

実際、最近では会社のトップが現場の社員とメールで直接やりとりするケースも出てきました。それによって意思決定は迅速にできるし、会議や連絡の時間も節約されます。また、幹部は現場の生の声を直接聞くことができます。

要するに、ピラミッド型の組織は工業化社会には適していたのですが、ポスト工業化社会には向かないということです。グローバル化、ＩＴ革命によって世界がフラット化している時代には、組織もフラットにしなければならないのです。

権限委譲を末端の社員にまで

さらに大きな問題は、社員のモチベーションと能力発揮の面にあります。階層によって序列化され、命令と服従の関係が厳格なピラミッド型の組織は、個人の自由な発想や自律的な行動、自発的なモチベーションを妨げます。ポスト工業化の時代に最もふさわしくない組織だといってよいでしょう。

そもそもピラミッド型組織は、上位者ほど有能だという前提に立っています。しかし、年功序列の大枠が残る日本の組織では、上司より部下のほうが有能だといったことは普通に起きています。まして経験年数や人間関係の重要さが相対的に薄れてきた今の時代には、「上位者ほど有能」という前提はいっそう根拠が乏しくなりました。

そうなると、厳格なタテの序列はメリットよりデメリットのほうがむしろ大きくなってきます。ここでも工業化社会への過剰適応が、ポスト工業化社会への適応を妨げているのです。

そこで、組織のフラット化、すなわち階層の少ない文鎮のようなかたちをした組織へ切り替えるよう叫ばれるわけです。フラット化は、人材活用の視点からは「権限委譲」「エンパワーメント」などと呼ばれています。

最近になって、わが国の大企業や役所でもようやく、組織の分権化、権限委譲に取り組むところが増えてきました。トップマネジメントが握っていた権限の一部をより現場に近いところへ下ろし、市場や顧客のニーズを素早く汲み取り、迅速に意思決定させるためです。また、不要な管理職を減らし、少数精鋭のマネジャーに裁量権を与えることによって、責任の所在を明確にするとともにモチベーションを高めようというねらいもあります。

しかし、注意すべき点があります。

下部組織、すなわちミドルマネジャーへの権限委譲が必ずしも第一線で仕事をする社員の裁量権を広げることにつながらないばかりか、逆にそれを狭める場合もあるのです。特に権限委譲が成果主義とセットで行われた場合には、それが顕著に表れます。

部長や課長は、自分が権限とともに成果責任まで持たされるようになると、成果をあげるため、それまで以上に部下を厳しく管理しはじめます。一方、部下の立場からすると、自分から望んで配属されたわけでもないのに、所属部署によって評価や処遇に格差が生じるのは理不尽だと感じます。

すると、社員の間には組織を隠れ蓑にした仕事の手抜きやモラルハザード、あるいは上司に責任を押しつけるような行動が現れてきます。分権化したら組織がバラバラになってしまったという話がよく聞かれますが、原因は権限委譲そのものにあるとは限りません。多くの場合、原因はむしろ中途半端な権限委譲にあるのです。

分権化するとセクショナリズム、組織エゴがはびこるとよくいわれるのも、実はこのように分権化、権限委譲がミドルクラスまでにとどまっているために起きているケースが多いのです。

マネジャーの権限が強すぎることの弊害は、アメリカ企業などでよくみられます。しかしアメリカでは、部下の側も自分の職務が明確になっているので一定の裁量権は守られるし、どうしても上司との相性がよくなければ辞めてほかへ移ればよいのです。ところがわが国では、明確な職務概念が存在しないうえに転職の機会も少ないので、ミドルへの権限委譲が、第一線で働く人の自律とモチベーションを逆に奪ってしまう危険性が大きくなります。

中途半端な権限委譲はかえって逆効果になることを忘れないでください。

仕事に所有感を持たせる

海外の日系企業が現地の人たちと交渉するとき、日本人社員が細かいことでも上司の判断を仰がなければ決められないのに、相手はしばしば戸惑うといいます。それだけ末端への権限委譲が遅れているわけです。権限が与えられていなければまともに相手にされないし、仕事に対する「所有感」（自分の仕事だという感覚）も持てません。

この「所有感」は、モチベーションを高めるうえで、とても大事な感覚です。同じ仕事でも、所有感の有る無しによって、仕事に対する向き合い方はまったく違ってきます。

たとえば、ふだん細かく指図する上司が病気で休職し、上司の仕事も含めて全部自分でやらなければならなくなったときのことを考えてみてください。責任は重いが、やりがいはあります。無我夢中で働いているとき、所有感が得られているのです。自分がこの部署を背負って立っているという感覚です。ところが上司が復職し、自分の仕事に再び口を出すようになったら、「それなら好きなようにやってください」という気持ちになってしまいます。「所有感」が失われていくのです。

所有感が持てなければ会社への一体感や本当の帰属意識、それに責任感も生まれません。意識調査の結果をみると、日本の若者の組織に対する帰属意識は受動的、運命的なところに特徴があります。かなり古い調査ですが、総務庁（当時）の「第5回世界青年意識調査」（1993年）によると、今の職場で勤務を「続けたい」という人は調査した11カ国の中で日本人が最低であり、逆に「続けることになろう」という人は断トツでした。仕事だけでなく、自分のキャリアに対する所有感も低いことが、ここから読み取れます。

自分に権限と責任が与えられてはじめて会社のありがたさも実感でき、会社に役立とうという気持ちになるのです。組織の維持に必要な求心力も自然に生まれます。

ただし、現場の管理職としては、制度的な理由からどうしても部下への権限委譲が難しい場合もあるでしょう。そのような場合には、最終的な責任は上司に留保しながら、実質上は部下に仕事を任せればよいのです。部下を信頼し、「問題を起こしたらオレが責任をとらされるのだから頼むぞ」と言っておけば、部下は任されたことを意気に感じてがんばるものです。

個人の仕事とチームの仕事を区分けする

個人への権限委譲がもたらすメリットとして、所有感と並んで重要なのが「仕事が見える」ことです。自分の仕事の輪郭が見えると先々の計画を立て、段取りができるので効率的に仕事がこなせます。また、どこまで進んだかがよくわかるので、モチベーションも高まります。

複数人でやっていた仕事を何らかの理由で1人にさせたところ、以前よりかえってはかどるようになったというケースがしばしばありますが、それは1人に任されたほうが「仕事が見える」からです。そして、ある程度まとまった仕事を1人でこなしていると、専門能力のみならず、応用力や判断力なども上達していきます。第1章で述べた「人の専門化」の方向へ、プロとして成長していくのです。

保険会社のなかには、営業の外務員を社員ではなく自営業というかたちで契約し、プロ意識を徹底するとともに、テリトリー制はあえてとっていないところがあります。一人ひとりのテリトリーが決められていないと、営業地域が重複する無駄が出ることもありますが、それよりも自営化して自由に営業させるメリットのほうが大きいそうです。

近年、組織のスリム化を図るため、従来は複数人で担当していた仕事を1人に任せるところが出てきたようです。特にプロとしての意欲と能力を備えた社員は、複数人で仕事をさせるより、1人で仕事をさせるほうがはるかに力を発揮するものなのです。

それでもまだ集団主義の伝統が残るわが国では「責任ある仕事を個人に任せるのは難しい」という意見も根強く残っています。しかし、わが国でも自営業の世界では、当然ながらすべての責任を個人が負います。また、学校の教師は、担任が1人ずつクラスを任されます。数十人の子供を預かるわけですから、責任はとても重いはずです。それにもかかわらず大学を出たての教師が「一人前」扱いされ、任務をこなしているわけですから、企業の社員にもできないはずはありません。

とはいえ、現実には個人で行える仕事ばかりではなく、個人で行える仕事、チームで行う仕事、それに組織として行うべき仕事が混在しています。たとえば、一定規模以上の仕事や専門能力を持ち寄って問題解決する仕事はチームで行わなければならないし、顧客や取引先とのトラブルが拡大したような場合には、組織として対応する必要があるでしょう。

したがって、基本的には個人に仕事を任せながらも、どのような場合にチームまたは組織として行動するかをルール化し、あらかじめ明示しておいたほうがよいと思います。そうすれば状況によって戸惑うことがないし、メリハリをつけて仕事ができるでしょう。

過剰な管理の原因は管理職の過剰

組織のフラット化、そして社員一人ひとりへの権限委譲を進めるうえで、最大のネックは技術的な要因ではなく社会的、心理的な要因です。

その一つが 管理職の過剰です。

近年の少子化や採用抑制の影響で、社員の平均年齢は高くなってきています。そして、わが国の社会風土では、ある程度の年齢になると役職に就けなければならないので、どうしても管理職が過剰になる傾向があります。不要な役職をわざわざつくっている会社は今でも珍しくありません。その結果、ピラミッド型どころか、管理職層がふくらんだビア樽型の組織になっています。

つまり、処遇の論理を優先させることによって管理職過剰が生じ、それが効率的な組織への移行を妨げているのです。そして、社員はいったん管理職に就けば自分の権限や影響力を手放そうとしなくなります。管理職の数と組織の階層が多ければ多いほど、部下は細かいところまで管理され、裁量範囲は小さくなります。「過剰な管理職」は、必ず「過剰な管理」を生んでいくのです。

けれども、過剰な管理の弊害は見えにくいものです。部下は規律正しく、黙々と働いているし、与えた仕事はきっちりとこなす。だからこそ、管理が行き届いていてよいと解釈されがちなのです。しかし、そこでは社員の自発的で質の高いモチベーションの発揮が間違いなく妨げられています。自由な発想ができなければ知恵も生まれてきません。これからの企業にとって、それが最大の危機だということを忘れてはならないのです。

さらに、皮肉なことに、重大ミスや不祥事を防ぐうえでも、過剰な管理がむしろ逆効果になることが多いのです。部下は厳しく管理されると自分の頭で考えなくなるし、責任の自覚もなくなっていきます。ただ上司に命じられたことだけを守り、上司に気に入られることだけを考えるようになります。その結果、単純なミスが増えたり、顧客の視点、要求に鈍感になったりします。大企業や官公庁で「管理の徹底」が叫ばれながらミスや不祥事が減らないのはそのためです。

いずれにしても、「過剰な管理職」が「過剰な管理」を招いているとしたら、余分な管理職を減らすことが必要になります。

ところが、一方では管理職をこれ以上減らすことはできないという企業もまだ多く存在します。管理職を減らすと残った管理職の負担が大きくなりすぎるとか、部下を十分に管理・指導できないというのです。

また、部下がどのように行動してよいかわからず、戸惑いや混乱を招いたという話も聞かれます。そして大企業や役所の中にも、いったんフラット化した組織を元に戻す例がみられるようになりました。

「人」ではなく「仕事」の管理を

せっかく改革したシステムをまた元に戻さざるを得なくなった原因を探ってみると、フラット化そのものに問題があるというより、上司と部下の関係性の中に問題があるケースが多いようです。

人事管理の古典的なテキストにも記されているとおり、管理職の役割は本来、「部下の管理」ではなく「仕事の管理」であるのが原則です。部下の管理は、仕事の管理に必要な範囲で行うべきです。実際、アメリカの優良企業のなかには、人を管理するのではなく「仕事のプロセスを管理せよ」とうたっているところがあります。

一方、わが国では、管理職は部下を人間として丸ごと管理すべきだと誤解している人が多いようです。前章で述べた比喩を使えば、「川下」すなわち仕事の成果をあげているか、役割を果たしているかといったポイントではなく、部下の態度や行動など「川上」で管理しようとするのです。そして部下は管理されることに慣れてしまっていて、自分の判断で行動しようとしなくなるのです。

つまり、部下への権限委譲が不十分なので、管理職を減らせば管理職の負担が大きくなっていくのです。いわば「鶏が先か卵が先か」の関係であり、フラット化は権限委譲とセットで行わなければならないことがよくわかります。

それはリーダーシップ論ともかかわってきます。

社員にプロ意識を持たせ、プロとしての仕事を期待する以上、望ましいリーダーシップのスタイルも、これまでとは違ってきます。部下を強力に率いていく戦国武将型のリーダーシップではなく、基本的には部下に仕事を任せながら、仕事の方向性を示したり、必要に応じて支援したりするタイプのリーダーシップが適しているのです（拙著『仕事人《しごとじん》と組織』第5章などを参照）。

ただ、管理職も一般社員も、互いに新しいシステムに適応するのにはそれなりの期間が必要です。職種や仕事内容にもよりますが、やはり2〜3年間は必要でしょう。その間は移行期間として、管理職・一般社員双方の教育訓練と風土改革に力を入れるとともに、自覚を促すため「〇年後には完全移行する」と予告しておくとよいでしょう。

このように、基本どおり権限委譲すれば管理職の負担も部下の戸惑いもなくなり、フラット化はスムーズに進むに違いありません。

組織の階層は三階層がベスト、多くても四階層に抑えるべきだと私は考えています。かなり大規模な組織でも、ライン系統はトップ、部長、課長（グループリーダー）、一般社員で済むはずです。

組織をフラット化すると管理職を減らせます。また、社員をプロ化して可能なところから個人担当制に切り替えれば、社員を減らしてもモチベーションは上がります。結果として、これまでより少ない人数で生産性は逆にアップするでしょう。

2　官僚制型組織からプロ型組織へ

官僚制型組織とプロ型組織の比較

ここで、伝統的な組織とこれからの組織を比較してみましょう。

次のページに載せた図は、従来の典型的なピラミッド型組織である「官僚制型組織」を表しています。官僚制はＭ・ウェーバーが合理的支配のシステムとして提示したものであり、行政組織だけでなく民間企業にも当てはまります。今日でも組織の基本型です。

ウェーバーが述べているように、「官僚制型組織」はタテ方向の命令―服従の関係が厳格で、細かい規則によって仕事が進められます。また、組織の外枠が実線で表されているのは、組織の構成員が外の世界と切り離されていることを意味しています。すなわち、個々人の仕事は常に組織の一員としての資格で行動するのが原則になっているのです。

一方、下の「プロ型組織」の図は階層が少なく、１人の管理職の下にたくさんの部下がい

官僚制型組織とプロ型組織

［官僚制型組織］

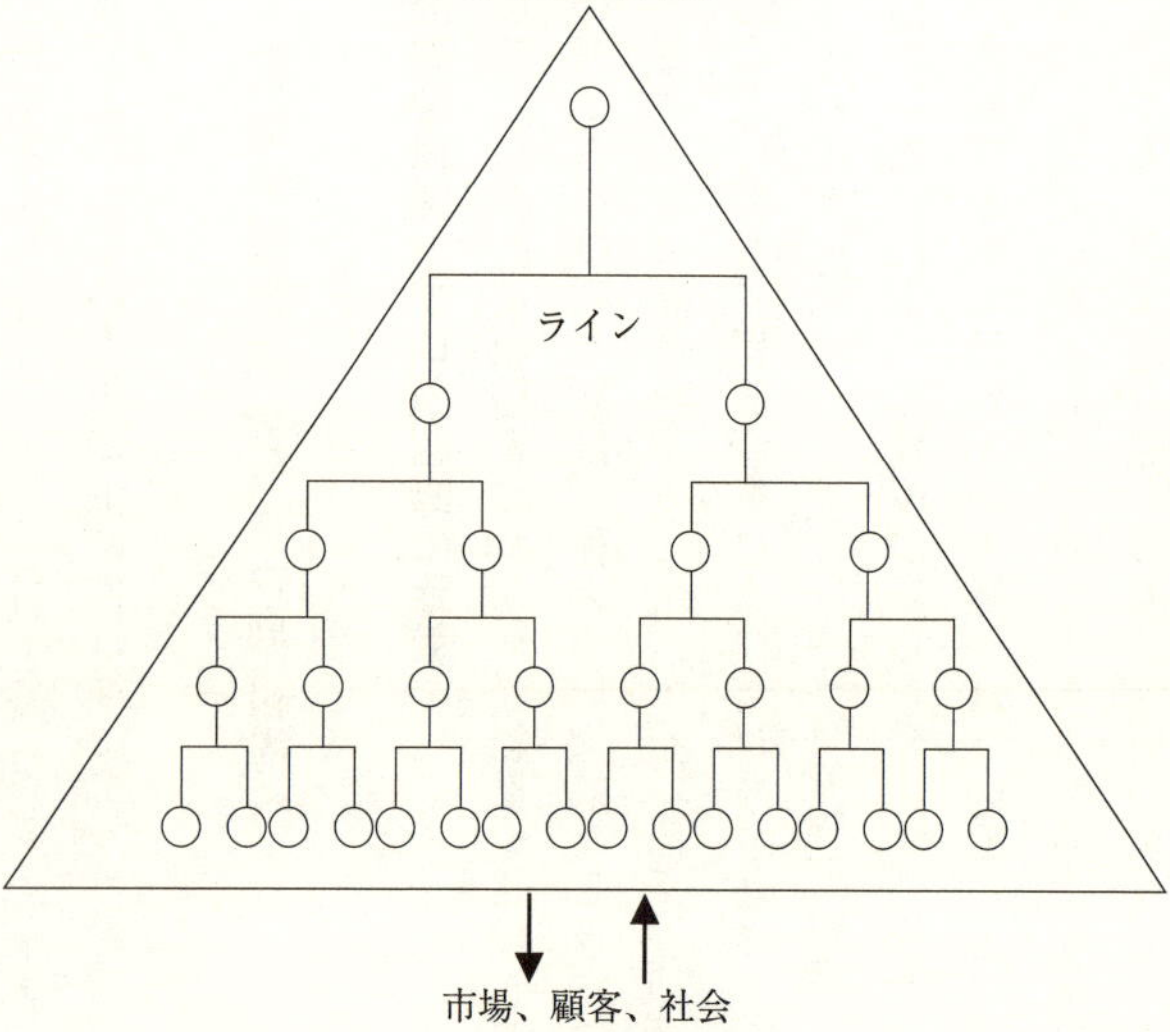

［プロ型組織］

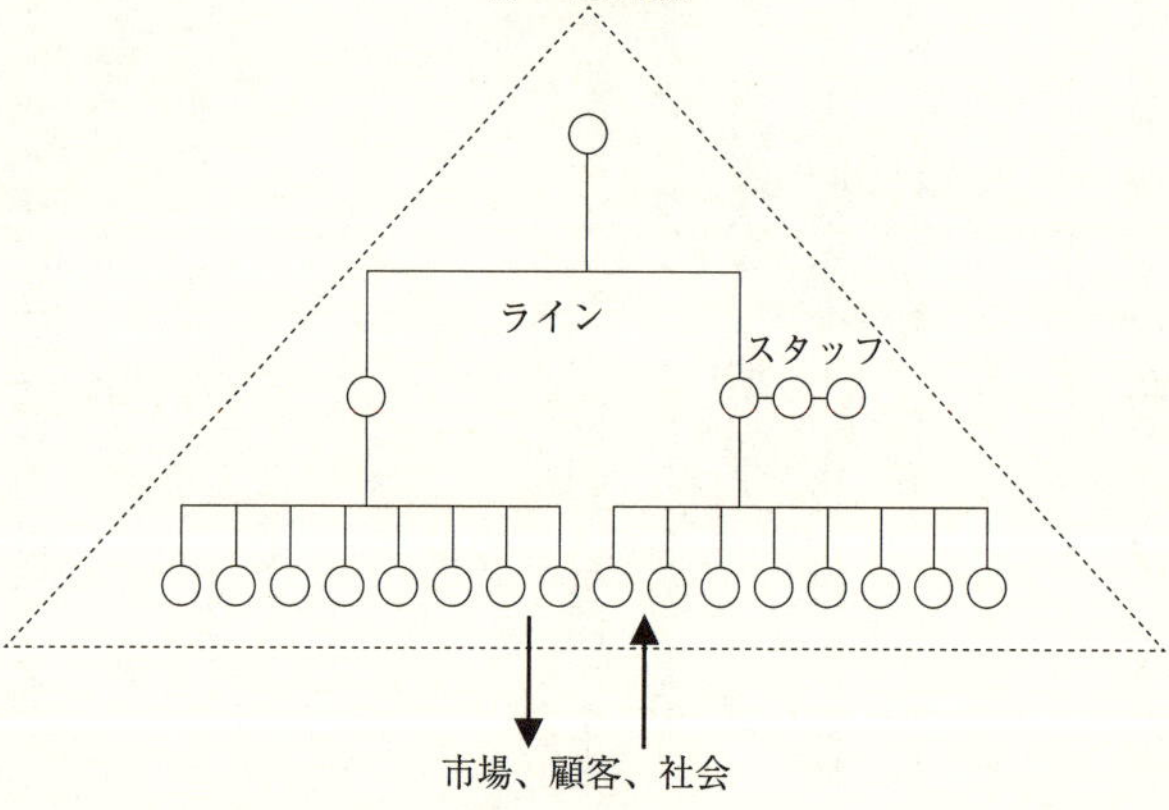

ます。それだけ部下に対する管理・統制が緩いわけであり、部下の裁量と自律性が大きくなります。組織の内部では、上下の関係より自立した個人の活動、ならびに横の連携に比重が置かれています。また、組織の外枠が点線で表されているのは、組織の内と外を隔てる壁が薄いことを意味しており、個人個人が市場、顧客、社会と向き合いながら仕事をすることを示します。組織の中の一人ひとりが外部の目にさらされるし、また一人ひとりが顧客や市場の中に入り込んで仕事をするわけです。

これまで述べてきたように、「官僚制型組織」から「プロ型組織」への移行は時代の趨勢です。それは単なる絵に描いた餅、理想論のように思えるかもしれませんが、実際はそれほど移行が難しいわけではありません。

ポイントの一つは、ラインとスタッフの明確な分離です。

大企業や役所では、今も次長、部長代理、担当課長、副室長、参事といった役職を置いているところが多数あります。これらの役職はいわゆるスタッフ職です。したがって、本来はラインの意思決定や命令─服従の関係には含まれないはずです。ところが組織図ではラインの中に組み込まれ、組織的な意思決定にかかわることが多くあります。そして「部下」に対しても影響力を行使します。その結果、いわば屋上屋を架す構造になり、それが組織の効率性と部下のモチベーション、能力発揮を阻害するのです。

したがって、これらの役職を「プロ型組織」で図示しているようにラインの横に張りつけ、スタッフとしての地位を明確にすれば、階層はかなり減らせるはずです。スタッフには文字どおり管理職の参謀として、あるいは組織の戦略策定や特命の仕事をさせるのです。また、ラインの人が休暇や出張などで不在になったときの代替要員としての役割も担わせます。必要なら数名の部下をつけてもよいでしょう。いずれにしても、それなりのステイタスと処遇は保障する代わりに中身のある仕事をしてもらわなければなりません。

また、係制をとっているようなところでは、係を廃止して、係が担当していた仕事を一人ひとりに配分し、それを課長かグループリーダーが束ねるようにすればよいわけです。それだけで、前述したように理想的な三階層、多くとも四階層に簡素化できるでしょう。

隠れた権勢欲、支配欲との決別を

前述したように、組織の簡素化、フラット化にとって最大の障害は、突きつめると管理職の処遇であるといっても過言ではありません。

工業化社会の組織は多くの階層と管理職を必要としましたが、その管理職ポストそのものが自己目的化してしまったのです。その結果、必要以上に管理職のポストが増やされ、資質や能力を欠く者までポストに就いてしまいました。けれども不要なポストだからといってそれを削減するとなると、管理職自身の既得権を脅かすので、みんな何かと理由をつけて反対するのです。

彼らの処遇が働きがいやモチベーションに関係する以上、処遇の問題を無視するわけにはいきません。しかし、管理職の働きがいやモチベーションを配慮する一方で、部下の働きがいやモチベーションに対する配慮はこれまで乏しかったのではないでしょうか。

昇進して管理職に就いたとき、たいていの人は喜び、張りきるものです。その気持ちの中には大きな仕事ができる、裁量権が増すといった理由のほかに、「部下を管理できる」「思いどおりに動かせる」という本音も隠れているはずです。いわゆる権勢欲や支配欲です。その隠れた権勢欲や支配欲こそが、部下の自律性、裁量権を奪い、働きがいとモチベーションを低下させていることを見落としてはなりません。いくら管理職が張りきっていても、第一線で働く人たちのやる気が出なければ組織は沈滞してしまうからです。

経営者は管理職に対し、「実のある仕事をすれば処遇も肩書きも保障するので、部下を管理したい、思うように動かしたいという欲望だけは捨てろ」と説得してほしいと思います。

生産性や競争力のアップを追求するうえで組織の効率化は不可欠です。したがって、これまでのように社員を管理職ポストによって動機づけようとしても難しいし、前述したようにその弊害も大きいのです。

管理職ポストに代えて、何で動機づけるか

では、ポストの代わりに、何によって動機づければよいのでしょうか。

一般に大企業や役所のようなピラミッド型組織では、昇進の恩恵は多岐にわたります。昇進するごとに給与や役職手当が増えるだけでなく、権限やステイタスも上がり、管理できる部下の数も増えます。とりわけわが国の場合、昇進には仕事上の能力だけでなく人格、人間性も重視されるので、組織内での地位の上下は全人格的な序列という性格を帯びています。だからこそ、だれでもそこそこの地位には就きたがるのです。

ピラミッド型組織の昇進には、動機づけの面でもう一つ大きな利点があります。それは、階層が多いので、数年ごとに次の昇進のチャンスが巡ってくることです。そして、昇進するたびに目に見えるかたちで仕事もステイタスも大きくなっていきます。そのため常に目の前の目標として、やる気をかき立てることができるのです。

それに対し、専門的な職種では、このような細かいステップが用意されていません。たとえば学校の教師は、大学を卒業して教諭になると、次の明確なステップアップは40代か50代で教頭になるときです。もちろん「主任」などの役割はあるのですが、管理職ポストのような重みも社会的通用性もありません。そのため、キャリアの中途でモチベーションの中だるみ現象が生じやすくなります。病院の看護師などでも同じ問題が指摘されています（実際に調査結果でもそれが裏づけられています）。

ところが同じ専門的な職種でも、研究者や医師、弁護士、デザイナーなどは、ステップの数が少ないにもかかわらず、ベテランになっても比較的高いモチベーションが保たれています。それは彼らが組織の内部だけなく、外部からも認められるチャンスに恵まれているからです。学界や業界、あるいはクライアント、一般社会から評価され、尊敬される機会があれば、たとえ昇進しなくてもモチベーションはかき立てられるのです。

したがって、企業のような組織でも、組織の枠を越えて認められる機会を与えればよいわけです。幸いにして、一般の企業でも外部の人とチームを組んで仕事をする機会は増えてきているし、インターネットの影響もあり、一人ひとりの活躍ぶりや業績が組織の枠を越えて知られるようになってきました。そして、これまでチーム内や仲間同士だけだった内輪の評判が業界全体などへと、次第に広がるようになりはじめました。現に、さまざまな業界で「カリスマ○○」と呼ばれるスターも登場しています。

若い人たちを中心に、日本人の価値観もかなり変化しています。

野村総合研究所が行った「生活者一万人アンケート調査」（２０００年）によれば、「自分の能力や専門性を高めることで社会的に認められたい」という人が74％、すなわちほぼ四分の三に達しています（複数回答）。若者にとって「出世」イコール「組織のなかで高い地位に就くこと」という感覚は、もはやないようです。字義どおり「世のなかで認められること」が「出世」なのです。そして、彼らは顧客や市場を相手にしながら働き、活躍することを望んでいます。

「プロ型組織」をイメージして会社に入ったのに、実際には「官僚制型組織」で組織の中の序列や社内慣行のしがらみによって思い描いていたような働き方ができない――それがインタビューで浮かび上がった若手社員たちの本音です。そして、彼らを早期離職に追い込む原因にもなっています。旧来型の組織構造が、若者の意欲を失わせている現実を知り、早急に新しい組織へ切り替える必要があります。

自分の名前を出して仕事をさせる

ところで、どの業界でも「プロ」と呼ばれるためには、自分の名で仕事ができること、組織の外でも通用することが必要条件です。したがって会社としては、①一人ひとりの裁量権を大きくするとともに、②顧客や市場と直接接する機会を増やすこと。そして、③自分の名を出して仕事をさせることが大切です。

これらのうち①と②についてはすでに述べましたので、ここでは③について述べておきましょう。

コンサルタントやクリエーター、コピーライターといった職種では、自分の名を出して仕事をさせるのは当たり前ですが、比較的地味な生産現場などでもそれを実践しているところがあります。

京都府にある機械メーカー、長島精工では、機械一台の組み立てを丸ごと一人に任せ、製品にはその人の名前を入れたプレートを貼って出荷しています。名前を出すことによって、優れた製品をつくればいつまでも名が残るし、顧客から評価が直接返ってきます。それが責任感につながるし、モチベーションも高まるのです。実際、この会社では名前を入れるようにしてから社員のモチベーションが上がり、若手がほとんど辞めなくなったそうです。そして機械の品質も目に見えて向上したとのことです。

同社が製作者の名を出すようにする際に参考にしたのは、同じく京都にある伝統工芸の世界でした。清水焼、京扇子、京人形などには作者の銘が入っています。自分の作品に対してそれだけの自信とプライド、ならびに責任感を持っていることの表明でしょう。

新聞や雑誌などでも、大勢いる記者の中で、特に個人名が表記される「署名記事」「囲み（コラム）」があります。これも、だれが書いたか、その内容がよかったか悪かったかなどが一目瞭然となるため、任された記者はよい記事を書こうと真剣に取り組むといいます。

わが国には、自分の名を出してアピールするのははしたないこととされ、奥ゆかしさや「陰徳を積む」ことこそ尊いとする文化があります。そのため社員の側から「自分の名を出してほしい」とは口に出しにくいのです。しかし、一方で日本人は名誉を重んじ、周囲の人の評価をとても気にする国民であり、大半の人は自分の名が出ると喜び、張りきります。また、それくらいでないと積極的な仕事はできません。

ただし注意すべきなのは、個人の名前を出すことが逆効果になる場合もあるということです。

レストランやホテルでは名札を付けて仕事をするのが当たり前になっているし、コールセンターに電話をすると応対した人が必ず「○○がお答えしました」と名乗るようになりました。このように個人名を出すようにしてから仕事のミスが減った、応対が親切になったという声が聞かれます。

ところが他方で、社員のストレスが大きくなり離職率が上がるという弊害も出ています。自由裁量の小さい仕事で個人名を出させると、マニュアルどおりに仕事をこなしたかどうかだけが問われます。そして意見箱などに届く客の声もそこに集中し、名指しのクレームが圧倒的に多いそうです。社員が客によって「監視」されるシステムになってしまうのです。当然、社員のモチベーションが上がるどころか、逆に「やらされ感」で働くようになります。客に見られていないところで手を抜くようになったという話もあります。

そこで、あるコールセンターでは、マニュアルにとらわれず自分の判断で応対するような方針を立てたそうです。すると客の評判もよく、離職率が業界平均の三分の一にまで減ったといいます。

高級ホテルのザ・リッツ・カールトンでも、社員にはマニュアルを超えるサービスを提供するように指導しています。裁量権が与えられると、自分の判断や創意工夫によって仕事内容が向上し、また顧客のニーズに合ったサービスを提供することが可能になります。すると客からは、称賛や感謝といったポジティブな声が届くようになります。顧客が一種のサポーターになるわけであり、ますます良い仕事をしようと動機づけられます。称賛・感謝↓モチベーションアップ↓良い仕事↓称賛・感謝、という好循環ができるわけです。

これらのことからわかるように、個人の名を出して仕事をさせることと裁量権を与えることとは、セットで行ってこそ効果があるのです。

3 人事評価も三ランクでＯＫ

「正しい評価」と「細かい評価」の違い

フラット化が必要なのは組織の階層だけではありません。

これからの社員には、組織の内側ではなく外、つまり顧客や市場のほうを向いて仕事をしてもらうことが大切です。だとすると、社員に人事評価や処遇を強く意識させるのはマイナスです。ふだんは評価や処遇を意識していないけれど、不満も抱いていない。たとえていうと水や空気のような存在であるのが理想です。

また、知識の量や正解のある問題を解く能力、モチベーションの「量」が重要だった工業化社会と違って、創造性や革新性、感性といったつかみどころのない能力、それにモチベーションの「質」が重要なポスト工業化の時代には、評価自体が難しくなります。したがって、評価そのものの限界も意識しておいたほうがよいでしょう。

このような視点に立って、現在の人事評価制度のどこに問題があるかを考えてみましょう。

一般に、社員の人事評価は次のような目的で行われます。

第一に、組織が当人に対して何を期待しているかを理解させ、社員の行動を組織が望む方向へ導きます。

第二に、公平な処遇、適材適所の人事を行うための基礎資料とします。

第三に、社員に自分の能力や長所・短所、貢献度などを自覚させ、能力開発やキャリア形成の参考にしてもらいます。

第四に、努力や業績が、評価を介して正しく処遇につながることを認識させ、モチベーションの向上につなげます。

いずれの目的に照らしても、「正しい評価」が大前提になります。そして、評価が社員に信頼されていなければなりません。

にもかかわらず、現実には社員の評価に対する納得度や満足度は必ずしも高くありません。

調査によっては過半数の者が評価に不満を訴えています。

どこに原因があるのでしょうか。

それは「正しい評価」と「細かい評価」とを混同しているからではないでしょうか。「一人ひとりの能力や適性、貢献度を正しく評価しなければいけない」というと、評価項目を増やしたり、細かくランクづけしたりするようになっていきます。

特に近年は評価項目が増えたうえ、各項目のランクもS、A、B、C、Dという五ランクくらいで評価するのが普通です。なかには、それぞれに「+」をつけて十ランクで評価しているところも存在します。

三ランクにして、あとは定性的評価で補う

しかし、これほど細かい評価がはたして可能でしょうか。

試しに自分の部下や同僚を思い浮かべてください。能力にしても業績にしても、あるいは情意面にしても、「特に優れている人」と「問題のある人」をリストアップするのは比較的たやすいでしょう。ところが、それ以外の人、すなわち俗に「2：6：2」とか「1：8：1」の法則とかいわれる真ん中の6割、8割の人をさらに三ランク、あるいは五ランクに正

しく分けられるでしょうか。

一部の営業や開発のように成果が数字に表れる職種は別にして、たいていの職種ではかなり不正確なものになるに違いありません。その証拠に、上司は半年前にどんな評価をつけたかさえ覚えていないのではないでしょうか（部下の側ははっきり覚えているものです）。

このように、正しく評価しようと思って評価が細かくなるほど、かえって不正確になっていきます。そして、それが評価に対する不満や不公平感をもたらすのです。評価する側はあまり意識していなくても、評価される側は自分のプライドにもかかわるので、たとえわずかな誤差であっても敏感になります。実際、かつて成果主義が流行したころ、多くの企業が成果主義の導入とともに細かくランクづけするようになりましたが、当時の意識調査では評価に不満を抱く者が急増しました。

不満を抱く者が増えるだけならまだよいのですが、もっと大きな問題は、細かくて主観的な評価が社員を萎縮させ、「やらされ感」をもたらすことです。社員としては、何がどのように評価されるかわからないので、どうしても意識が仕事より評価のほうに移ってしまうのです。本来は仕事をして、それが評価されるべきなのに、評価されるために仕事をするという本末転倒に陥るのです。

基本的な原則は、処遇など個人の利害に関係する以上、根拠がある場合は評価に差をつけ、根拠がなければ差をつけないということです。人間の認知能力には限界があります。売上高やポイント制などデジタルな基準がある場合はともかく、それがない場合は「標準より上」「標準」「標準より下」の三ランクくらいが望ましいのです。このように三ランクにすれば、差をつけた根拠もかなり自信を持って説明できるので、必要なら処遇に大きな格差をつけてもよいでしょう。

ちなみに個人の職務が明確に定義されている欧米の企業でさえ、一流企業のなかには実質上、三ランクで評価しているところが多いです。職務概念のあいまいな日本企業ではなおさら三ランク程度の評価が妥当です。

それでも三ランクでは少ないと感じるのは、従来の組織人を前提にしているからです。プロ型の人材は、組織内での評価より顧客や市場の評価、あるいは仕事の内容がよく理解できる専門家仲間からの評価を重視するので、動機づけのために細かく差をつける必要はありません。細かいランクづけは、納得性のうえでも、動機づけのうえでも意味がないばかりか、むしろ逆効果なのです。

一方で、能力開発のため、あるいは異動や昇進を決める際には、数値化できない複雑・高度な情報も必要になります。その一つが後述する「評判」であり、もう一つが記述式の評価です。一人ひとりの能力、資質、適性、努力、やってきたことなどを具体的に記述するのです。

数値化できない情報も盛り込んで評価内容を豊かにするためにも、また、評価結果の納得性を高めるためにも、こうした定性的な評価は必要です。

複雑化した制度をリセットしよう

あらためて強調しますが、いちばん問題なのは階層によって序列化したり、制度でがんじがらめにしたりして、社員の意欲と能力の発揮を妨げてしまうことです。

その観点から見ると、制度がますます細かく、複雑になっていくのは人事評価だけではありません。多くの企業が取り入れている職能資格制度にしても、給与表にしても、ランクをあれこれ細かく分けすぎています。また、昇進・昇格のための資格や経験年数など、必要な条件が詳細に定められています。それに加えて、運用上のさまざまな慣行もあるようです。

また近年普及が進んだ目標管理も、全社目標から事業部、部門、所属部署、個人の目標というようにブレイクダウンして定められ、その達成度と処遇とが連動するように細かく設計されています。目標管理は本来、目標の設定やその達成過程に参加させることで、自発性や裁量を高めるために考案されたものですが、わが国では主に成果主義の手法として使われています。

さらに近年はコンプライアンス（法令遵守）が声高に叫ばれるようになり、現場では煩雑な手続きに忙殺されるようになっています。

このように組織や制度を序列化、体系化し、細かい手続きを徹底させようとするのは、安定した環境の中で最適化を追求する工業化社会の精神が根強く残っているからです。欠陥のない緻密な製品を安定的につくるのと同じ論理を、人間の管理にも当てはめてしまうのです。

さらに、そこへ日本社会特有の完璧主義、几帳面さが拍車をかけています。その結果、いわゆる減点主義、それに本末転倒の手続き主義を招き、個性ある人材がその芽を摘まれるとともに、組織も人も身動きがとれなくなってしまうケースが多いのです。

ここに挙げたような管理手法の多くは、主としてアメリカから輸入されたものですが、そもそも日米の企業・経営風土が大きく異なるものであることを棚上げして無批判に導入されたケースも少なくありません。

一方、近年は本場のアメリカでその弊害や限界に気づいて修正したり、柔軟に運用したりしているところが多くみられます。たとえば、伝統的な職務主義についても、職務のランクがあまりにも細かくなって組織を硬直化させたので、複数のランクを大括りにする「ブロードバンド」を取り入れるところが増えました。あるいは、職務記述書があっても杓子定規に従うのではなく、個々人が何を求められているかを知るためのツールとして使っている企業もあります。

要するに、日本企業では組織や制度の序列化、体系化、手続きの厳格化になかなか歯止めがかからず、しかもそれを完璧に守るべきだというきまじめさが自縄自縛を招いているケースが少なくないのです。たとえていうと、パソコンにソフトを入れすぎて動きが遅くなったようなものでしょう。いったんソフトを取捨選択し直して、必要なソフトだけを入れるようにしたいものです。組織、制度、手続きの簡素化が必要な時期にきていると思います。

キーワードは「自営化」と「見える化」

すでに述べたように、自発的なモチベーションをもたらす条件の一つとして、所有感（自分の仕事だという感覚）が挙げられます。社員にその所有感を持たせるには、ここで述べてきた序列化、複雑化とはまったく逆のマネジメントを追求する必要があります。

キーワードは、「自営化」と「見える化」です。

組織やマネジメントをシンプルにするには、仕事もシンプルにしなければなりません。そのためには仕事を取捨選択したり、優先順位をつけたりすることが不可欠です。それがしやすいのは、みずからの裁量と自己責任で行動できる自営業です。また、自営業の世界には、公式な序列はないし、複雑な制度のしがらみとも無縁です。

したがって組織の中においても、可能な限り自営業に近づけることを目標にすべきなのです。

しかし現実には、自営業に近づけることが難しい職種も少なくありません。そこで重要になるのが仕事の「見える化」です。「見える化」については前章でモチベーションの視点から提唱しましたが、人事評価の視点からも有効です。

一人ひとりの仕事ぶりや仕事の成果を「見える化」すれば、社内ではもちろん、取引先や顧客の間でも自然と「評判」が形成されます。「評判」というと不正確で非合理的な印象を与えますが、実際はそうではありません。優れた人材を抜擢するときや、適材適所の異動をさせるときに重要なのは、人事考課の結果より「評判」なのです。「評判」には「評価」で表せない定性的な情報や、五ランクの物差しではとても測れない卓越した能力、業績も反映されるからです。

しかも、評判は相互にすり合わされたり修正されたりして、徐々に定まっていきます。その過程には不特定多数の声が吸収され、本人をよく知る人の声は自然と重みを持つのです。ある意味では市場において価格が決まるようなものです。

いうまでもなく、評判には偏見や誤解のように不合理な力も働くので、できあがった評判だけを信頼するのは危険です。しかし、数値データや具体的な貢献などを加えながら評判のすり合わせをしていけば、いわゆる360度評価などよりはるかに納得度の高い人事情報になり得ると私は考えます。

ちなみに、外回りの営業や技術者の派遣など、社員が主に顧客のもとで働いている企業のなかには、顧客の評判に基づいて社員を評価しているところがあります。また、かつての日本企業では人事部が現場の声を吸い上げるなど、これに近い方法がとられていましたし、今でも役員クラスの評価はこのような方法で行われています。多少の手間はかかっても、納得のいく評価方法は復活させたいものです。

さらに、仕事の「見える化」はコンプライアンスの面でも効果があることを付け加えておきましょう。

第4章　ヨコ方向は敢えて制度を乱雑に

［Chaotic］

1　カオスの海で逸材が育つ

ヨコの複雑化で人材発掘を

これまで繰り返し述べてきたように、ピラミッド型の組織・マネジメントに象徴される一元的な序列構造は工業化社会の産物であり、これからのポスト工業化社会には適さないスタイルです。特にポスト工業化社会に必要な能力（知恵）と自発的モチベーションを引き出すには、一元的な序列構造を崩し、これまでとは違うスタイルの組織をつくらなければなりません。

その作業の一つが、前章で説明したタテ方向のシンプル化です。そしてもう一つは、この章で説明する、ヨコ方向の多元化を進めることです。

組織はタテ方向に複雑化するほど個人の自律性、モチベーションが阻害され、組織の活力は低下します。逆にヨコ方向には複雑化するほど選択肢が増えるので、個性が発揮できるようになります。眠っていた潜在能力が活かされ、意外な人材が頭角を現すこともあります。それが、組織の活力にもつながります。つまり、タテとヨコは正反対の作用を及ぼすのです。

けれども、実際にキャリアや就業形態などを多元化しようとすると、等級の序列をどう維持するか、コース間のバランスをどう保つか、非正社員から正社員へ転換する条件をどのようにするかといった問題が提起されてきます。それが障害になって多元化が進まないか、形だけ多元化しても実際は序列構造の中に位置づけられてしまいます。専門職制度をつくっても管理職に就けない人の受け皿になってしまったり、一般職の昇進は課長クラスまでというような天井が設けられたりするのはその例です。

キャリアや就業形態だけではありません。たとえば社内表彰制度を取り入れようとすると、社長賞と特別功労賞の格付けをどうするとか、審査委員にはどの役職の人を据えるか、あるいは受賞を人事評価にどう反映させるかといった形式面にばかり関心が寄せられがちです。その結果、年功や順繰りで表彰するなど制度が形骸化してしまっている例が少なくありません。

いずれのケースでも、無意識のうちに工業化社会型の几帳面さと、タテの序列意識が働き、それが改革の足かせになっているのです。

その点、一足早くポスト工業化社会に突入したアメリカでは、企業も序列や整合性にあまりこだわりません。社内にはさまざまな表彰制度の網が縦横無尽に張り巡らされていて、人事部でさえ制度を把握していないという会社もあります。一見すると「いいかげん」ですが、いろいろな制度をこしらえておけば、だれもがどこかに引っかかるという発想なのです。

乱雑さは創造の源

この「意図された乱雑さ」に注目しましょう。

「人に自由を与えると混乱が生じるが、同時にそこには、信じがたいほどの創造性が生まれるのだ」。数々の起業に成功したO・ブラフマンとR・A・ベックストロームは、スカイプやナップスターからトヨタ自動車まで多様な組織を取り上げながら、ある種の混乱が創造性の条件としていかに大切かを説いています。

そもそも、混乱の中から価値を生み出す作業はコンピュータにはできないことであり、人間の独壇場です。したがって、その人間を取り巻く環境もまた、あまりキッチリと細かく整理されていないほうがよいのです。

実際、個人がのびのびと仕事をして高いパフォーマンスをあげている組織をみると、人事関係の制度はきわめて少ないか、逆にたくさんあっても空文化していて、あまり機能していないケースが多く、よい意味で「いいかげん」なのです。

このような環境の中でこそ、自発的なモチベーションが高く、自立して行動するプロ型の社員が育っていくし、優秀な人材は思うぞんぶん実力を発揮できます。カオス（混沌、無秩序、乱雑）の海で個人が自由に泳ぎ、みずからキャリアを形成していくのです。

たとえば優秀な技術者やクリエーターにとって、整然とした職場よりむしろ雑然とした職場のほうが働きやすいし、服務規程もあいまいな会社を好みます。研修など能力開発についても、会社側から与えられるのではなく、多様な制度があってそのなかから選択できるか、あるいは自発的な能力開発を会社がサポートするようなスタンスのほうがよいようです。ちなみに教育や福祉などの事業を行うベネッセでは、社内研修だけでなく社外のものも含め、一定金額の範囲内で会社から支援を受けながら社員が自由に能力開発をできるようになっています。

このような考え方から、いわゆる「ヤミ研究」などにも注目したいと思います。ヤミ研究といえばスリーエムの「15％ルール」やグーグルの「20％ルール」、つまり勤務時間の15％、20％を自分の好きな仕事に使ってよいという制度が有名です。ただ、前述したように「成果をしっかりみる」ことさえ徹底できれば、何％といった制限さえ外してもよいのではないでしょうか。

また、一時流行した社内ベンチャーなども、社員に既存の制度による制約を受けず起業家精神を発揮してもらい、組織の活性化と新事業の創造につなげようという趣旨で取り入れられたものです。

しかし、さまざまな条件がつけられたり、手続きが煩瑣だったりしたため起業する社員が減り、下火になってしまったのは残念です。起業の障害を取り除いたうえで、より魅力的な制度に衣替えすれば、有益な制度として復活させられるのではないでしょうか。

いずれにしても体系化や整合性を考えなければ、新しい制度を次々につくって試してみることもできます。それが「やらせてみよう」「やってみよう」という前向きな企業文化にもつながるのです。その意味では最初に制度ありきで、制度に従って働き、キャリアを形成するのではなく、「そういえば、こんな制度があったな」というくらいの感覚で受け止められるほうがよいのです。

もともと日本企業は社員を制度でがんじがらめにするのではなく、よい意味での乱雑さ、いい加減さがありました。その中で実力のある者は職位と無関係に重要な仕事が任され、それをこなして実力を認められれば自然なかたちで高い地位に就いていくという「草の根的な実力主義」の風土があったのです（拙著『日本的人事管理理論』）。この10年、20年の間に制度や手続きばかりが独り歩きし、過度に精緻化、体系化されすぎたことを反省すべきでしょう。

2　カオスを誘導するための工夫

社員はプロジェクトで成長する

次に、カオスをチームとして考えてみましょう。

阪神淡路大震災や東日本大震災のとき、救援活動に携わった公務員や民間企業の社員、ボランティアの人たちは、文字どおり不眠不休で働きました。彼らのモチベーション、仕事ぶりはふだんとは別次元のものでした。多くの人が当時をふり返り、「たいへんだったが充実していた」と口にします。

組織の非常時や、会社が存亡の危機にあるときにも、社員たちは平素みられないようなチームワークと高いモチベーションを発揮します。

理由は二つあります。

一つは、緊急時や非常時には平常とは異なる組織体制で動くからです。

もう一つは、目的や目標が明確で、メンバーにしっかりと共有されているからです。

そこで、まず前者について説明しましょう。

私は民間企業と役所で働く人々に対するアンケートで、「やる気が出たのはどんなときか」を質問してみました。すると、「プロジェクトに参加しているとき」という回答が多くありました。そして、今度はそれぞれの管理職に対して、「部下がやる気を出すのはどんなときか」を聞いてみると、同じ答えがたくさん返ってきました。そして興味深いのは、アメリカやヨーロッパの管理職に同じ質問をぶつけても、まったく同じ答えが返ってくることです。

それだけプロジェクトへの参加はモチベーションを高めるのです。しかも単にモチベーションが高まるだけでなく、所属や専門分野の異なる人たちと一緒にプロジェクトに参加することで大きく成長したという声がしばしば聞かれます。

なぜ、プロジェクトは人をやる気にさせ、成長させるのでしょうか。

それは、メンバー個々人に裁量権が与えられ、命令―服従というタテの関係ではなく、ヨコの関係で動くからです。前章で示した「プロ型組織」がそこにあります。プロジェクトチームでは一人ひとりの個性が活かされ、相互に触発し合いながら仕事ができるのです。

それがメンバーの成長にもつながります。ちなみに、ある研究によると、教育効果の定着率は聴講が最低で、話し合い、ロールプレー、プロジェクトの順に高くなるそうです。

プロジェクトチームの中はカオス

そして、プロジェクトが動いているときは、カオスに近い状態になります。職制や組織の枠を越えたプロジェクトチームには、地位や職種、年齢などさまざまな人が参加し、入り交じって仕事をします。

たとえば、他社との共同出資で新会社をつくる場合、複数の会社から企画、経理、財務、法務といった部署の人たちが参加し、そこへ外部の弁護士や設計士なども加わって一定の期間、一緒に仕事をすることになります。そこには体系的な組織や制度はないし、役割も固定されていません。その時どきの状況に最も適した者がリーダーシップを発揮しながら、目標をめざして仕事が進められていくわけです。

災害時の救援作業などもそれと同じです。その証拠に災害のあと、状況が少しずつ落ち着きを取り戻し、組織が復活して命令系統に従って仕事をするようになると、モチベーションは逆に下がってきます。

第１章で自発的なモチベーションの条件として、①仕事の楽しさや面白さ、充実感、自律性などの「内発的動機づけ」の要因と、②仕事によって達成できる夢、目標などの「外発的動機づけ」の要因を挙げましたが、プロジェクトで仕事をする場合、特に①の条件が備わっているのです。いうまでもなく災害時などには「楽しさ」や「面白さ」はないでしょうが、充実感や自律性があります。

ただし、注意すべき点が一つあります。

それは、プロジェクトの中では必ずしも②の条件が満たされないということです。日々の仕事は楽しいが、ふと立ち止まって冷静に考えたら空しくなったという経験はないでしょうか。

したがって、質の高いモチベーションが持続的に発揮されるには、第1章でも述べたように、チームの中でも個人の貢献や個性が認められ、またチームでの活動が自分のキャリアアップに何らかのかたちで結びつくことが必要です。マネジャーとしては、個人がチームに埋没しないようにチームの設計と運営に気を配るべきです。

チームの目的に共鳴した者だけを参加させる

ポスト工業化の時代には、個人個人の専門化された仕事と並んで、組織や制度の枠を越えるプロジェクトチームがますます力を発揮するようになります。一方、定型的な仕事は機械化、IT化され、あるいは外部委託されたり途上国に回されたりしてますます減少します。

そうなると、もはやプロジェクトチームへの参加を例外的なものとして位置づけるのではなく、職種によってはプロジェクトチームが「主」、定常的な業務は「従」と位置づけることが必要になります。

また、同様の理由から、オーダーメードの業務や高度なサービスを要求されるケースが増えます。そこでもまた、従来の組織や制度の枠を越える仕事が増えてきます。

問題は、組織や制度、マニュアルなどにとらわれない働き方を何によって律するか、あるいは調整するかということです。

前述したプロジェクトチームの場合、それは目的や目標です。一般にプロジェクトチームは具体的な目的、目標を達成するために結成されるので、目的や目標は明確です。それが求心力となってチームを団結させます。メンバーの間でコンフリクト（対立や摩擦）が起きた場合には、その目的、目標に照らして解決策を探ればよいのです。

ただし、目的や目標はメンバーによって受け入れられ、本当の意味で共有されたものでなければなりません。緊急時や非常時には、目の前にはっきりとした目的・目標があるので、自然とメンバーは団結します。しかし、平時にはなかなかそうはいきません。

特にわが国には、不満があっても表立って口に出せない風土があるので、実はしぶしぶ参加する場合があります。チームの中にそのような者がいると、全体の士気が下がります。そのためリーダーは、メンバーが本当に目的・目標にコミットしているかどうかを冷静に見極める必要があります。その意味では、単なる人事異動や職務命令ではなく、目的や目標に共鳴した者が自主的に参加するかたちでチームが結成されることが望ましいのです。同じ目的や目標を持った者がチームをつくればもっとよいでしょう。

トヨタが1997年に立ち上げたVVC（バーチャル・ベンチャー・カンパニー）は、社長直轄のプロジェクト型組織ですが、目論見どおりの成果をあげられませんでした。その原因について経営学者の三品和広は、〈やりたいこと〉を持った個人が先にいて、あとからプロジェクトが立ち上がるのではなく、社長発案のプロジェクトが先にあり、〈やりたい人〉をあとから募ることになってしまったためだと指摘しています（三品和広＋三品ゼミ）。食うか食われるかの世界では、一見するとわずかに見えるモチベーションの差が死命を制することになるわけです。

守らせることと任せることのメリハリを

もう一つは、理念や価値です。これもまた、目的や目標と同じように、メンバーが納得し、進んで共有できるものでなければなりません。そして個人の自律を束縛しないものであることも大切です。

優れた顧客サービスで高い評価を得ている企業に、東京ディズニーランドなどを経営するオリエンタルランド、それに先にも紹介した高級ホテルのザ・リッツ・カールトンがあります。これらの企業が掲げる理念や価値はいずれも普遍的でだれもが納得できるものであり、自然に共有されます。しかも、社員が必ず守るべきことが明示されていて、それ以外は本人の自律や裁量に委ねられています。

たとえば、オリエンタルランドが経営するディズニーランドやディズニーシーでは、S（safety：安全）、C（courtesy：礼儀正しさ）、S（show：ショー）、E（efficiency：効率）という四つの行動基準が定められており、それを判断や行動のよりどころとしながら自発的、自律的に行動します。また、ザ・リッツ・カールトンには「クレド」と呼ばれる基本精神が定められており、社員はその精神を尊重しながら、みずからベストなサービスを考えて顧客に提供するよう期待されています。

ルールや理念を頭に入れながら、自分の判断で自律的に仕事をするのが、これから求められるプロ型の社員です。このように、必ず守ることと自由裁量に委ねることとをはっきり線引きしておけば、社員は自信を持ってのびのびと仕事ができます。

また、先にも述べたように、個人単位の仕事とチームとしての仕事の両方に携わる場合にも、チームの一員としてどこまで協力すべきかを明確にしておけば、どちらかがおろそかになるということがありません。この「線引き」こそ、自律的な仕事とチームワークを両立させるポイントです。

対立や摩擦を避けるな

ところで、組織や集団が混沌としていると、そこにはしばしばコンフリクト（対立、軋《あつ》轢《れき》）が生じます。工業化社会では、このコンフリクトが大敵でした。それらは作業の能率を落とすし、製品の質を下げます。また、仕事に必要な規律と一体感を損ないます。したがってコンフリクトを避けるために、組織や集団は整然としていなければならなかったのです。

とりわけわが国では、「和をもって貴しとなす」（聖徳太子の十七条の憲法）という言葉に象徴されるように、コンフリクトはあってはならないものと考えられていました。そのため経営者はコンフリクトが起きないことを最優先し、その火種があればすぐに消そうとしました。

しかし、コンフリクトにはデメリットばかりでなく、メリットもあることがだんだん認識されるようになってきました。

まず、コンフリクトは創造やイノベーションをもたらします。弁証法的にいうなら、対立を乗り越えてはじめて、より上位の次元に進めるのです。

例を挙げて説明していきましょう。

製品開発なら、自分たちが開発しようとしている製品に対して、経理からは「開発コストがかかりすぎる」、営業からは「もっと安くしないと売れない」と横やりが入ります。しかし、ギリギリまで経費を削減しているので、これ以上のコストカットは無理です。そこでまったく別の製法を考えるとか、代替製品を開発するといったブレークスルーの機会が生まれます。女性社員からの「残業が多すぎる」というクレームがきっかけで業務の効率化が進み、会社全体の生産性が上がったという例もあります。

個人レベルのコンフリクトも、飛躍や成長につながるケースが多いようです。同じ職場の中に、ものの見方や立場がまったく違う人がいたり、批判してくれる人がいたりすると、視野が広がるし、新しい発想のヒントが得られます。誤った解釈や独りよがりがチェックされることもあります。それに、一糸乱れぬ統制のとれた職場は息がつまりますが、ある程度のコンフリクトがある職場は自由にものが言えるし、ノビノビと仕事ができるものです。その証拠に、聞き取りをしてみると一人ひとりの満足度も意外と高いのです。上司に対してもある程度、意見や反論が許されるほうがよい職場といえます。

その意味では、欧米のように厳格な職務主義で個人の「縄張り」を明確に決めるより、仕事のフィールドがある程度重なるようにしておくとか、他人の領分に口出しできる機会をつくっておくほうがよいかもしれません。また、月に一度、開発メンバーが集まり、互いの仕事について自由に批判できるような場を設けたところ、職場が活性化し、一人ひとりの仕事にもプラスになったという例もあります。

ただし、コンフリクトには有害な性質のものもあることは忘れてはなりません。たとえば仲間同士の足の引っ張り合いや、同僚を蹴落としても自分が利益を得ようというような非生産的コンフリクトは、ないほうがよいに決まっています。コンフリクトの性質をしっかりと見分けることが大切です。

ゆらぎや不均衡を発生させる戦略

規律と統制を最優先する工業化社会と違って、ポスト工業化社会に不可欠な革新や創造を生むためにも、ある種のゆらぎや不均衡、生産的な対立、摩擦がむしろ必要不可欠になってきます。組織変革やチームづくりのなかで、意図的に対立、摩擦を残そうというアプローチが目立つようになったのもそのためです。

そして、適度なコンフリクトがある組織は安定していて強靭です。たとえていうと免震構造の建物のようなものであり、個人の不満や組織の中にできる無理な部分が常に発散されるので、大きな崩壊につながらないのです。

もちろんコンフリクトが必要だといっても、その良否はコンフリクトの性質によるし、その程度にもよります。問題は、それにどう対処するかです。

コンフリクトへの対処方法はいくつかありますが、一般にはコンフリクトに真正面から対峙し、問題解決するのが望ましいとされています。それは誤解や感情的対立など非生産的な問題が解決できるからというだけでなく、問題解決の過程で新しい発見やアイデア、ブレークスルーなどが生まれることが多いからです。

コンフリクトが発生した場合には、当事者同士が自発的に問題解決するのが理想ですが、組織として解決の支援が必要な場合もあります。そこで、あらかじめ話し合いの場を設けたり、創造的な問題解決へ導くプロセスファシリテータのような人を置いたりしておくなど解決のシステムを用意しておけば、生産的なコンフリクトを肯定するメッセージになるし、感情的な対立にまで発展するのを防げるのではないでしょうか。

さらに、コンフリクトを解決するばかりではなく、不足している場合には刺激するべきだという考え方もあります（S. P. Robbins）。実際、企業のなかにはコンフリクトを刺激するため、関連会社にわざと尖った社員を出向させたり、あえて競争の激しい分野に進出して外から「ゆらぎ」を発生させたりしている例もあります。また第1章でも述べたように、いわゆるダイバーシティも、創造的なコンフリクトを刺激するのに役立てることができるのです。

3　キャリアのコースは三つ以上に

バイパスは多いほどよい

工業化社会では秩序を乱す要因だった「個性」が、ポスト工業化社会では価値の源泉になる――極論すれば、個性豊かな人材のみが企業にも社会にも貢献できる時代となっています。

では、どうすれば個性の豊かな人材を獲得し、育てられるのでしょうか。

その答えとなるキーワードは、「バイパス」です。

最近は大学や大学院の入試にも、さまざまなバイパスが設けられるようになりました。多くの大学がＡＯ（アドミッション・オフィス）入試や推薦入試、社会人入試、編入試験などを取り入れていますし、大学を卒業していなくても大学院に入れる制度が広がりつつあります。

こうした制度に対しては、基礎学力に問題があるとか、難易度に差がありすぎるといった批判もあります。たしかに、これまでの秩序や価値基準に照らせば、そのような批判が出てくるのは当然です。しかし、固定的な序列や既成の価値観を崩し、個性ある人材を本気で育てようとするなら、そこにある「落差」や「逆転」こそが大切なのです。

実際に大学で学生を見ていると、たとえ入学時に学力の格差が存在しても、卒業時にはほぼ消えるし、就職後はむしろ「バイパス組」の活躍ぶりが目につきます。そして何よりも、彼らの存在によって偏差値で輪切りにされた受験型価値観が、学生たち自身の間で薄れる効果が大きいといえます。

企業でも同じです。

かつてホンダの経営陣から、次のような話を聞いたことがあります。同社では、関連会社から移ってきて幹部になる人や、非正社員から正社員になって活躍している人が珍しくないそうです。

新卒でホンダの正社員として入社しようとすると、数百倍、あるいはそれ以上の狭き門です。しかし関連会社や非正社員なら、入り口ははるかに広くなります。自分の実力に自信があり、どうしてもホンダで活躍したければ、とりあえず関連会社や非正社員で入ってそこで実力を認めてもらうという道もあるのです。このようなバイパスがたくさん存在していたことこそ、ホンダという会社の活力と成長につながったのでしょう。

社内ルールで「三つ以上のコース」を

吉本興業では、これまでは大卒を中心に採用していましたが、最近「中卒・高卒枠」を設けたそうです。また、独創的な技術で知られる堀場製作所では「変わった奴」を採用する特別枠を設けているそうです（堀場厚）。職種や仕事内容にもよりますが、これまでとは違う人材に別の門戸を用意するという点では参考になる話です。

ただ、せっかく採用しても、キャリアの天井をつくってしまったら何にもなりません。

伝統的な大企業で社員の意識調査をすると、技能労働者や高卒社員のキャリアに対する不満が強いことがわかります。現場の技能労働者を登用するといってもせいぜい課長クラス止まりだとか、高卒で幹部になる道は針の穴を通るようなものだなどというのでは、彼らのモチベーションが上がらないのは当然です。しかも優秀な社員ほど、こうした不合理な「ガラスの天井」に対する不満を強く抱きます。

すでに述べたように、ポスト工業化の時代に重要な能力は「知恵」です。そして、知恵は学歴や就いている職種とほとんど関係がありません。

たとえば、一般には大卒の頭脳労働者のほうが中卒の肉体労働者より優秀だと決めつけがちですが、はたしてそうでしょうか。

前者は詰め込んだ知識や問題解決のテクニックで仕事をする傾向があるのに対して、後者はまさに体で覚えた直感や経験、それに地頭で仕事をする習慣が身についています。むしろ肉体労働者のほうが「知恵」を使って仕事をしているともいえるのです。したがって、少なくとも技能労働者や中高卒社員が重要な仕事に就いたり、幹部に昇進したりできるようなコースは設けておくべきでしょう。

そしてコースを設ける場合には、従来の総合職と一般職、あるいは管理職と専門職といった並列型のコースより、パナソニックの「退職金前払い制度」や三洋電機がかつて導入していた「オーナーマインド制度」（公認会計士、社会保険労務士、ＭＢＡなど専門知識を持った若手と業務委託契約を結ぶ制度）、ＩＢＭなどが採用した「プロフェッショナル・コントラクト制度」（高度専門職を対象にしたハイリスク・ハイリターンの契約制度）のように異質な就業形態の制度を選択できるようにするのが望ましいのです。できるだけ制度間の幅が大きいほうがよいからです。

そもそも、なぜ制度化が必要かというと、前述したホンダのように形にとらわれない実力主義の風土が浸透している企業は別として、序列意識の強い日本企業では放っておくと自然にキャリアの天井ができたり、道が細くなったりしてしまうからです。それを防ぐには、「異質なコースを社内に三つ以上併存させること」というようにルール化しておくとよいでしょう。なぜ三つ以上かといえば、二つだと必ずといってよいほど優劣ができてしまいますが、三つ以上になると関係が不安定になるため序列ができにくいからです。

それでも何年か経つと、制度間で威信や影響力に上下関係が生じる恐れがあります。そのため制度内容を随時変えていく必要があるでしょう。また制度がころころ変わると、その制度の中で得をすることを第一に考えた機会主義的行動（状況を利用して自分の利益を得ようとする行動）をとりにくくなります。そうなればおのずと関心が本来の仕事に向かいます。逆説的ですが、それが「手段の目的化」を防ぐのに役立つわけです。

実際、大企業のなかにはコースが複雑に細分化されていて、しかも頻繁に変更されるので、社員がよく理解できていないケースがあります。「意図せざる乱雑」です。かつて大学入試の制度が猫の目のように変わることが批判されましたが、それが結果として受験技術の支配と、過度な受験競争を多少なりとも緩和したのと同じ理屈です。

そこまで徹底しないといけないのは、それくらいわが国の風土では一元的な序列化が生じやすいし、社員の意欲と能力を引き出し、組織の活力を高めるうえでそれが有害だからです。

負担の不公平感は金銭的インセンティブで調整

キャリアを意図的に乱雑にするとして、問題は、乱雑さの中で社員の公平感、納得感をどう保つかです。

社員を公平に扱い、納得感を持たせるには、二つの方法があります。

一つは、人事部が集権的にコントロールし、配属や異動も人事部主導で行うという、これまで日本企業がとってきた方法です。そこでは、どの職場に配属されても不公平にならないよう、処遇や労働条件も平等にする必要がありました。

もう一つは、平等より選択の自由によって公平性、納得性を担保しようという方法です。

社内に多様なコースや制度を乱立させ、それらのコースや制度の間で調整は行いません。したがって有利、不利は当然あります。けれども社員には選択の機会を平等に与え、自由に選択させるので公平性は保たれます。

両者の違いは「結果の平等」と「機会の平等」に近いといえます。社会全体としては前者に重きを置いた政策もあり得ますが、企業の中でそちらを優先すれば間違いなく組織は硬直化し、活力が低下します。

とりわけこれからは、グローバル化によって多様な社会、制度、風土の中で事業を展開する企業が増えてくるし、異質な価値観やバックグラウンドを持った人が同じ組織で働くようになります。そうなれば、好むと好まざるとにかかわらず、後者の考え方をとらざるを得なくなります。

問題は、それを組織の全体最適にどう結びつけるかです。

配属やキャリアを個人の選択だけに委ねておくと人員に偏りが生じ、企業としての活動に支障をきたします。そこで、個人の自己選択と適正な人材配置をどう両立するかが課題になるのです。

これまで日本企業では、配属・異動は人事の専管事項とされ、会社主導で適材適所が図られてきました。しかし、自発的なモチベーションと専門能力の発揮が格段に重要になるこれからの時代に、「仕事もキャリアも会社任せ」の陰に隠れた弊害は大きくなります。ちなみに本人の意思に反する異動や職種替えが普通に行われているのは、先進国のなかでわが国だけです。

もっともわが国では、他の国々と比べて企業の雇用責任が重いため、いま就いているポストや仕事がなくなったから即解雇というわけにはいきません。したがって、これからは「個人の自己選択」と「雇用保障」、それに「企業側による適材適所」という三つの要求を同時に満足させることが必要になります。

そこで提案したいのが、ＦＡ（フリーエージェント）制度の拡大と、インセンティブの導入です。

まず、ポストが空いた場合、基本的には欧米型のジョブ・ポスティングや日本型のＦＡ制度のように、候補者を社内に（場合によっては社外からも）募り、応募者のなかから適任者を選びます。しかし、水平異動の場合には期待する人材が応募してくるとは限りません。人気のない地域や負担の重いポストだと、だれもそこへ異動したがらないというケースも出てくるでしょう。

そのような場合には、インセンティブで誘導させることが有効です。

たとえば希望者を募るときにポイントをつけ、ポイントに応じて金銭的な手当を支払うか、ポイントが貯まれば福利厚生などを受けられるようにする方式が考えられます。ただし昇進や昇格は能力や実績によって決めるべきものなので、ポイントを昇進や昇格に結びつけてはいけません。あくまでも純然たる報酬に限定するべきです。そしてポイントは、ネットオークションのように、期待水準に達する希望者が現れるまで上げていけばよいでしょう。

また、会社によっては管理職に就きたがらない社員が増えていますが、責任ある地位に消極的なかたちで就かせるのは問題です。しぶしぶ引き受けたのでは本人にとっても不幸だし、いざというときに責任逃れをされかねないからです。

したがって、そこでもインセンティブを高めることで有能な希望者を増やす必要があります。ただし管理職昇進の場合には、多忙さや責任の重さが主な忌避理由になっていることに鑑み、金銭的報酬と負担の軽減をセットにしたインセンティブが必要でしょう。

このようなインセンティブで誘導する方法には、以下のようなメリットがあります。

第一に、負担や損得がインセンティブによって調整されるので不満が解消されます。

第二に、自分の好きな仕事に就けるので、短期的なモチベーションが上がります。

第三に、自分のキャリアを自分の意思で形成できるという意識が生まれ、それが長期的なモチベーションにつながります。

第四に、自分の意思で選択した以上、仕事の成果に対して言い逃れができないため、責任感が強くなります。

第五に、たとえ不人気なポストに就いたとしても、自分の意思で選択したということで、周囲と自分に対して誇りが保てます。

ここで紹介した方法はあくまでも理念型であり、現実にはそのまま使えないかもしれません。しかし、このように一種の市場原理を利用する考え方は、ほかにもいろいろなところに応用できるはずです。強制や命令を極力排すべきポスト工業化の時代には、もしかするとマネジメントの主流になるのではないでしょうか。

第5章 無尽蔵、コストゼロの外部資源を活用

［Open］

1　会社の中で仕事をさせるな

「組織の壁」はますます無意味に

工業化社会への過剰適応は至るところに残っているものです。組織の内と外を厚い壁で隔て、組織を閉鎖的なシステムにしてしまうのもその一つです。

今やビジネスは組織の枠組みを完全に越えています。業務の多くは外部に委託しているし、他社と提携し、あるいは共同で技術開発や営業を当たり前のように行っています。顧客の要望や意見を吸い上げながら製品を開発し、商品やサービスを改善するシステムを取り入れている企業も多いようです。

また、労働力の面でも、派遣社員やインディペンデント・コントラクターといった外部の人材に依存する度合いが高まっています。どこまでが会社の内で、どこからが外か見分けがつかないくらいです。

そしてインターネットなどの普及により、情報も組織の壁を容易に越えるようになりました。

ところが自社の社員の就業環境となると、相変わらず毎日決まった時間に出社し、大部屋で顔を突き合わせて（パソコン画面に向かう時間が長くなりましたが）仕事をするのが普通です。オフィスにいないと仕事をしていると見なさないような雰囲気がいまだに残っています。「仕事は会社の中でするもの」という固定観念が抜けきらないからです。

このような「常識」から早く脱皮しなければ、組織も個人も時代の流れについていけないでしょう。

情報機器の活用でオフィス常駐は不要に

組織の中にいて上司や同僚とばかり顔を合わせていると、どうしても組織の論理に染まってしまいます。また、新しい生《なま》の情報は入ってこないし、視野も狭くなります。ポスト工業化、グローバル化の時代に、情報不足と視野の狭さは致命的です。しかもプロ型の社員を育てようとする以上、組織志向ではなく、顧客・市場志向にしなければなりません。そのためには、場所的な制約から解放することも必要になります。

技術的な面に限れば、今や会社の中で仕事をする必要性は小さくなりました。パソコンや携帯（スマートフォン）があれば、顧客のところにいても、あるいは自宅や旅先でもこなせる仕事が増えています。社内にいても離席していて連絡がつかないほうが、はるかに問題なのです。

ワーク・ライフ・バランスやオフィススペースの節約、そして個人個人に最適な環境で仕事をさせるという意味からも、これらの情報機器をもっと活用すべきでしょう。

アメリカのインディアナポリスに、「働きがいのある会社」として世界に知られる大手製薬会社イーライリリーの本社があります。私が数年前にそこを訪ねたとき、遠く離れたテキサスやフロリダに住んでいて、数カ月に一度しか出社してこない社員が何人もいると聞かされ、驚いたことがあります。それでもデスクにはマイクとスピーカーが置かれていて、常にコミュニケーションをとっているので仕事には支障がないということでした。

わが国では、職場外にいるときは、緊急の用事でもないかぎり連絡を入れるべきではないという、暗黙の掟のようなものがあります。一方、アメリカに限らず海外のビジネスマンは、残業をしない代わりに、勤務時間外でも必要があれば携帯で連絡をとります。プロ意識があれば、仕事と私生活を截然と分ける必要はありません。

また、休みの日でも一日に一度くらいメールチェックすれば、それだけでも仕事は大いにはかどります。それによって早く退社でき、休暇も取得しやすくなれば一石二鳥でしょう。

オープン化には、まず物理的・心理的な壁を乗り越えることです。

2　外部資源で動機づけるという発想

社外にはコストゼロ、無尽蔵の資源がある

組織を閉ざされた枠の中でとらえる固定観念を取り払うと、社員の動機づけにも大きな可能性が見えてきます。

社員を動機づけるのに用いられてきたインセンティブ（誘因）には、給与、賞与、役職ポスト、質の高い仕事、上司や同僚からの承認などがあります。これらは、いずれも組織の内部にある資源です。これらのなかでも給与、賞与、役職ポストといった主なインセンティブは、その資源が乏しくなる一方です。したがって、内部資源で社員のモチベーションをこれ以上高めるのは難しいのです。

そして、そもそも顧客や市場を相手に仕事をするプロ型社員の場合、組織内部の資源で動機づけるには限界があります。彼らを動機づけるには、自分の権限、自分の名前で仕事をさせ、市場や顧客、社会で認められ、評価されるよう、機会を与えるとともにサポートするこ

とが大切です。

そこで生まれてくるのが、外部資源によって動機づけるという発想です。

では、モチベーションを高める外部資源にはどんなものがあるのでしょうか。

一つは、第2章で説明した、独立や転職の機会です。

将来、独立して会社を立ち上げたり、転職してキャリアアップしたりするような夢があれば、今の仕事に対するモチベーションが高まることは、すでに述べたとおりです。

二つめは、外部からの承認、すなわち顧客、市場、あるいは社会から評価されたり、認められたりすることです。

サラリーマンを対象にしたアンケートで、「これまでの職業生活のなかで最もやる気が出たのはどんなときか」を尋ねると、半数近くの人が周囲から認められたり、ほめられたりしたエピソードを挙げました。具体的には「お客さんに感謝された」「お客さんに信頼され、指名されるようになった」「自分の仕事が新聞に載った」「異業種交流で評価され、自分の考え方が外でも通用するとわかった」ことなどです。「自分の開発した商品がヒットし、業界で一目置かれるようになった」ことを挙げる人もいます。

顧客からの評価や感謝をフィードバックする

私が著書などで説明しているように、人間にとって承認欲求はきわめて重要であり、それが動機づけの大きな原動力になっています。実際、顧客や取引先からの評価や感謝の声などを吸い上げ、それに基づいて上司が部下をほめる研究プロジェクトを実施したところ、自己効力感（環境を効果的にコントロールできているという感覚）、内発的なモチベーション、挑戦意欲、組織への貢献意欲などを高める効果があることが明らかになりました（拙著『承認とモチベーション』を参照）。

特にプロ型社員の場合、顧客や取引先など外部からの承認は大きなモチベーションにつながります。自分の力が世の中で通用すると実感できるからです。

したがって、会社としては、顧客や取引先からの承認が得られるようにサポートするとともに、承認を本人にフィードバックする仕組みをつくればよいのです。

飲食店やサービス業などのなかには、顧客から届いた感謝の声をポイント化したり、顧客アンケートを行ったりして、高い評価を得た社員を表彰する制度を取り入れているところがあります（拙著『表彰制度』）。

一例を紹介しましょう。全日空には全グループや関係会社などの社員を対象にした「エクセレント・サービス・アワード」、客室乗務員を対象にした「ANA'S STAR AWARD」といった表彰制度があります。

このうち前者については、各部門を代表する選考委員が、直近の2カ月間に顧客から届いたほめ言葉を確認し、そのなかから受賞者を選びます。後者についても、同僚や所属組織からの評価に加え、顧客からのほめ言葉も参考にしながら受賞者を選考することになっています。いずれも顧客の評価によって社員を動機づけ、それによってさらに顧客サービスを改善していこうという試みです。

また、すでに述べたように、仕事上の裁量権を与えるとともに、自分の名を出して仕事をさせることで顧客からの評価が得やすいようにしているケースもあります。

そして三つめは、副業（兼業）を認めるなど、所属組織以外で能力を発揮し、活躍できる機会を与えることです（後述）。

これらの資源はいずれも無尽蔵にあります。しかも、ほとんどコストがかかりません。それでいて、経済的に豊かになった今の時代には、給与など金銭的報酬よりも動機づけに効果がある場合が少なくありません。もっと注目され、活用されてよいと思います。

社員が「外向き」だと人間関係もよくなる

外部資源で動機づけることの効用は、ほかにもあります。

給与や役職ポストのような組織内のインセンティブは、絶対量が限られているので「ゼロサム」、すなわちだれかが獲得すると、だれかがそのしわ寄せを受ける関係にあります。特に役職ポストの場合、ポストの数が限られている以上、たとえ全員にその資格があったとしても、実際に昇進できる人はその一部だけとなります。

そのため、社員同士が足の引っ張り合いをしたり、「出る杭」を打ったりする動機が生まれます。それを嫌う人は、最初から昇進や昇給をあきらめてしまいます。いずれにしてもチームワークには大敵です。そして当然、組織内の空気も悪くなります。

一方、外部の資源は「ノンゼロサム」であり、ある社員が獲得したら、ほかの社員のチャンスが減るという関係ではありません。それどころか「プラスサム」、すなわちある社員が獲得したら、ほかの社員もその恩恵にあずかることが多いのです。たとえば、特定の社員が活躍して業界で高い評判を得たら、ほかの社員も同じ開発チームや営業チームの一員として評価が上がります。自分が活躍したら、ほかの社員も喜び、心から祝福してくれるという職場は最高でしょう。

そこから、社員同士が互いに助け合ったり、後輩を支援したりする動機が生まれます。そもそも社員の意識や関心が「内向き」な組織より、「外向き」な組織のほうが社員同士の人間関係もよくなるものです。

意識が内側を向くと、どうしても同僚と比較し、比較されるようになります。そして人間関係は濃密になりすぎ、派閥もできます。ちょっとした行き違いや感情のずれがトラブルにつながるケースもあるでしょう。

それに対して意識が外を向いていると、内部の人間関係は適度の濃さに保たれ、少々の行き違いや不公平があっても気になりません。

実際にあったエピソードを紹介しましょう。

ある小さな会社にベテランの女性社員たちがいて、若手の女性社員たちに厳しく接したり、いじめたりするなど、トラブルが絶えませんでした。それを聞いた私は、ベテラン社員たちが自分の能力を持て余しているのではないかと感じ、関心を外へ向けさせるように会社の経営者に助言しました。

さっそく経営者は取引先に出かけるとき、ベテラン社員を連れて行き、経営者に代わって彼女たちにプレゼンをさせるようにしました。すると、彼女たちのプレゼンは取引先にとても評判がよく、それから彼女たちが外へ出かける機会がますます増えていったそうです。

当然、彼女たちは気をよくし、外での仕事が働きがいになってきました。そして、ベテラン社員たちの関心が社外へ向くようになるのと比例して、若手社員に対する接し方も穏やかになり、職場の人間関係は著しく改善されたということです。

次のような実践例もあります。関東地域のあるＪＡ（農業協同組合）は、全国から視察者が訪れるほど優れた経営を行っており、職員のチームワークもよい組織です。それは職員が外、つまり組合員のほうを向いて仕事をしているからです。その背景には、このＪＡ特有の取り組みがあるのです。

このＪＡでは職員に全組合員の家庭を訪問し、ＪＡに対する意見や要求を吸い上げる、一種の「御用聞き」をさせています。その結果、職員と組合員との意識のずれがなくなるし、職員一人ひとりが組合員の目を意識して仕事をするようになります。これもまた、外向きで仕事をさせて成功したケースです。

人間が関心を持てる範囲は限られています。内側への関心が強くなりすぎたら、外側に関心を持たせればよいのです。これは職場に限らず、家庭や地域社会などにも当てはまる原理です。

副業もデメリットよりメリットが大きくなった

次に、副業（兼業）について考えてみましょう。

一般に、工業化社会ではインプットとアウトプットがかなり大きく比例します。したがって、社員が副業をすると、時間的にも、また疲労度の面でも、自社の業務に支障が出る可能性があります。それゆえ、多くの企業が副業を認めようとしなかったのです。水道にたとえるなら、水を効率よく送るには、パイプに水漏れがないようにすればよいというのと同じ考え方です。

ところがポスト工業化社会に入ると、インプットとアウトプットの関係は薄れます。長時間働かせたからといって生産性が上がるとは限りません。何日かけてもまったく前進しない場合もあるし、逆に一瞬のうちにアイデアが湧いて問題が解決できる場合もあります。しかも、アイデアが湧く場所は会社の中に限らず、むしろ社内に閉じこもっていては、頭もさびついてしまうのではないでしょうか。また、肉体労働と違い、副業によって疲労度が高まり、それが仕事にマイナスになるという因果関係もはっきりしません。

そして、逆に副業のメリットが強く表れるようになるのです。

第1章で述べたように、ポスト工業化社会で必要なのは一言でいうと「知恵」、具体的にいえば創造性、勘やひらめき、想像力、判断力などです。これらの能力は多様な情報、刺激、異質な環境によって発達し、発揮されます。

たとえば企画や開発にしても、営業にしても、社外の仕事をするなかで、いろいろな人から刺激を受けたり、社内にはない情報や発想のヒントを得られたり、物事を異なった角度から見られたりします。見方を変えれば、副業先で無料の社員教育をしてもらっていると考えることもできます。

このように、ポスト工業化の時代には副業のデメリットより、メリットのほうが大きくなるはずです。とりわけ付加価値に占めるアイデアやソフト面の比重が高い業種ほど、その傾向が強くなります。

経営者のなかには、このような視点から副業を積極的に奨励しようとする人もいます。海外衣料品の販売などで若者に知られているビームスの設楽洋社長は、インタビューで次のように答えています。

「社員が副業で新たな刺激や知識に触れ、本業に還元できる環境を整えるべきだと考えています。同じ職場で決まった仕事を繰り返していると視野が狭まり、感性も鈍りがちですからね。わが社はほかの消費財メーカーから市場調査などで協力を求められますが、こうした異業種との交流で私自身が気づかされることがあるのです」（２０１１年２月21日付「日本経済新聞」）

副業容認で一クラス上の人材を採る

社員の副業を認めることのメリットはほかにもあります。

最近は生きがいのための仕事と、生活のための仕事を分けて考える人が増えています。たとえば専門的な仕事をするために資格を取ったが、専門の仕事だけでは食べていけないので、そこそこの給与がもらえて資格も活かせる会社に勤めたいという人がいます。また、会社で働きながら、自分で会社を立ち上げる準備をしている人もいます。そのため、会社として彼らの「生きがい」を副業として認めれば、一クラス上の有能な人材を採ることができるのです。

そもそも社員の副業を認めないということは、社員の生活を十分に保障するという暗黙の約束があることを意味します。社員の生活を保障することが現実に難しくなっている今の時代、消極的な意味でも副業は容認すべきではないでしょうか。

そして、働く人々の間にも副業をしたいという人は増えているようです。日本経済新聞が

２０１２年11月に「日経生活モニター」登録読者に行った調査では、43％の人が副業をはじめたり、検討したりしているそうです（２０１３年２月27日付「日本経済新聞」）。

ちなみに欧米では公務員も含め、特に明確な不利益がないかぎり、副業は普通に認められています。アメリカでは警察官が勤務時間外に道路工事の警備員をしたり、市役所の職員が夜間にタクシーの運転手をしたりといったことは、珍しくありません。

しかし、わが国では大多数の企業が、依然として社員の副業に消極的です。

労働政策研究・研修機構が２００４年に実施した調査によると、正社員の副業を禁止している企業は50・４％で、１９９５年の前回調査に比べて11・８ポイント増加しています。規制する理由としては、「業務に専念してもらいたいから」が最多で、「業務に悪影響を及ぼすから」「企業秩序を乱すから」が続いています。具体的な支障があるかどうかより、マイナスになりそうなのでとりあえず禁止の網をかけておく、ということでしょう。

こうした理由をみても、多くの企業が工業化社会型の能力観、仕事観に基づいて副業を規制していることがわかります。

社外での活動は、必ずしも収入をともなう「業」に限りません。週末や就業時間後の時間を利用して、ボランティアやＮＰＯなどの社会的活動に携わる人も増えています。これらもまた、社員の視野を広げ、異質な情報に接したり刺激を受けたりする貴重な機会です。社員の参加を支援することも、オープン化の一環として望ましい方策です。

さらに休職制度を取り入れ、社外で経験を積ませるのもよいでしょう。企業のなかには社員が大学院で学んだり、JICA（海外協力機構）などの活動に参加したりする際、無給の休職扱いにしているところがあります。企業派遣と違って企業はコストがほとんどかからないので、実際に休職扱いにした企業では、教育効果が大きいことを実感しているといいます。

3　管理職の三分の一は外部から採用する

外部採用にはメリットが多い

「オープン化」のもう一つの柱は、人材の流動性を高めることです。第2章では、独立や転職の機会を広げることによって社員の成長を促し、モチベーションを高めるべきだと述べました。当然ながら、「転出」があれば「転入」もなければなりません。

一般に、中途採用した人は創造や革新に役立つ多様な情報を持っているし、物事を相対化してとらえられる力を持っていることが多いといえます。内部でいくら議論しても見出せなかった解決策が、中途採用者にはすぐ見つかることがあるし、自社の強みや弱みもよくわかるのです。

また、意外と重要なのが人脈です。中途採用者は生え抜きにない人脈、ネットワークを持っています。情報化の時代には、このメリットが想像以上に大きいのです。ちなみに人的ネットワークが重要な中国では、企業が社員を採る際にも人脈が採否の判断基準になっています。そのため人脈を広げる目的でビジネススクールに通い、付加価値をつけてから再就職する人もいるくらいです。

さらに、異質な人材が入ってくると他の社員が刺激を受け、組織も活性化するというメリットがあります。

駅ビルを開発・運営するアトレ（旧社名は、東京圏駅ビル開発株式会社）というＪＲ東日本グループの会社があります。ＪＲといえば旧国鉄の流れを汲むだけに、官僚制の組織体質がどうしても抜けきれないという印象があるでしょう。その親会社から商売の未経験者が出向してくるので、当初は現場が混乱していたそうです。

しかし、民間企業で鍛えられた人材が次々と中途入社してくるようになると、企業風土が変わりはじめ、以前のように波風を立てずに平均点をねらうより、高得点をねらうような企業風土が生まれてきたそうです（片山修）。

このように、閉鎖的だった日本企業も、近年は外部の人材に門戸を開くようになってきました。それとともに組織風土も少しずつ変化してきているのです。

中途採用に積極的な姿勢は、企業の意識調査にも表れています。労働政策研究・研修機構が2010年に行った調査では、人材確保にあたって重視することを「これまで重視してきたこと」と「今後重視すること」に分けて聞いています。結果を見ると、「自社の社風になじむことができる人材の確保」が大きく減少する一方、「自社にない新しい発想を持った人材の確保」、ならびに「自社にない経験を有する人材の確保」が倍増しています。

ただ、わが国では技術者や営業マンなど一般社員の中途採用に比べて、管理職のスカウト、ヘッドハンティングは現時点でそれほど多くありません。管理職は社内の事情に通じていないといけないし、外から来た人では部下を掌握できません。そして外部から管理職を採用すれば内部者の昇進機会がそれだけ減るので、社員のモラール（士気）に影響します。これらが管理職の中途採用をためらわせている主な理由でしょう。

しかし、これらはいずれも外部からの採用を控えるべき妥当な理由にはならないと思います。いや、むしろこのような風土があるからこそ、管理職の中途採用を積極的に行うべきなのです。

第一に、組織をフラット化すれば管理職は少数精鋭でなければならず、それには内部から登用するだけだと限界があります。管理職を社外からも採るようにすれば、候補者がそれだけ増えるので、よりふさわしい人を採用できるはずです。

第二に、すでに述べたとおり、これからは社員の目を組織の外、すなわち顧客や市場のほうに向けて仕事をさせる必要があります。順繰りで昇進できるのでなければ、おのずと目が外を向くようになります。

第三に、昇進意欲が強い社員にとっては、社外に無数のライバルがいるとなると、自分自身が社外でも通用するような人材にならなければならないと考えるようになります。そのために組織の枠を越えた競争意識が生まれ、研鑽に励むようになるのです。

揺り戻しを防ぐためにルール化を

第四に、内部昇進ばかりだとライバルが特定されるため、社員同士で足の引っ張り合いが起きやすくなります。そして「出る杭」になって打たれないよう互いに牽制し合います。しかし管理職を外部からも採用するようになれば、ライバルが特定できないので非生産的な足の引っ張り合いや無意味な相互牽制もなくなります。

そして第五に、なんといっても管理職は組織のキーマンであり、組織を変えるには管理職を変えるのが有効です。その点、内部昇進者は年長の部下などとの人間関係に気を遣いますが、外部から採用した人にはそれがありません。そのため思い切った決断、合理的なマネジメントができるのです。

実際、管理職を外部から採るようにしたら職場の空気が大きく変わったという声が聞かれることがあります。各種の意識調査を見ると、組織のトップやボトムに比べてミドルには保守的、現状維持的な意識が強く、それが改革の抵抗勢力になるケースが少なくありません。彼らが自分と仲間たちの既得権を守ろうとするからです。その意味でも、管理職を外部から採用する意義は大きいのです。

ただ、一時的に外部から管理職を採用しようという機運が高まっても、やがて下火になってしまうケースも多くみられます。特にわが国では同調圧力が強いので、内部からの抵抗によって有名無実化することもあるようです。したがって、改革の後戻りを防ぐには、社内ルールで制度化しておくべきでしょう。ポジティブアクションのように、たとえば「管理職の三分の一は外部採用者とする」と定めておけばよいのではないでしょうか。

そして、同じ外部採用でも異質な人材を採るようにすれば、ダイバーシティも一緒に推進できます。「外部採用者のうち2割以上は女性にする」とか「少なくとも1人は外国人を採る」と定めておくわけです。

仕事も評価もオープンに

ＩＴ化やグローバル化、ボーダーレス化の時代に、組織や人事だけを閉鎖的なままにしておくことは、いろいろな面で不利だし、不都合をきたします。

人材の活用においては、中途採用の増加や派遣など非正社員、アウトソーシングなどの活用以外にも方法があります。たとえば機械部品の専門商社ミスミは、かつて「オープン型経営」を看板に掲げ、業務は基本的にプロジェクト単位で行い、プロジェクトには社員だけでなく外部からも応募して参加できるようにしていました。社員として抱え込まなくても、その時どきに適した人材を活用できるわけです。

インターネットなどのインフラが当時と比べても格段に向上した現在、業務内容によってはこのように人材、労働力（知力）を外部から供給できるようなシステムを取り入れることは、いっそう企業の競争優位をもたらすでしょう。

そして人材の多様化、オープン化が進むほど、人事の透明性が求められるようになります。最近は成果主義の強まりもあって、人事の評価基準や評価方法を社内に公開し、評価結果を本人にフィードバックする企業が増えつつあります。ただ、それだけでは十分といえません。成果主義を取り入れるか否かにかかわらず、社員から評価についての納得感や公平感を得るためには、個々人の仕事内容や実績などもオープンにしていく必要があります。

人事のオープン化は、管理職や人事部にとって大変なことのようですが、発想を変えればそれだけ負担を減らし、信頼を獲得するチャンスになります。自分たちに代わって市場や顧客が社員を評価してくれるからです。また、社員にとっても、評価にまつわる疑心暗鬼を払拭し、仕事に専念できるメリットは大きいはずです。

終章　組織改革を成功させるカギ

経営でよく使われるたとえ話に「ゆでガエル」現象があります。カエルをいきなり熱湯に入れると、驚いて器から飛び出します。ところが、冷たい水に入れてから少しずつ水を熱すると、カエルは気づかないままゆであがってしまうという残酷な話です。

この20年ほどの日本企業、そして日本全体の凋落ぶりをみていると、「カエル」は長い時間をかけて温められ、ゆであがる寸前になってしまったようです。

工業化社会からポスト工業化社会への移行は、まさにパラダイムチェンジです。価値の逆転が起き、工業化社会での常識が非常識に、非常識が常識になっています。しかし、戦後の高度成長期に、いや明治時代以降1世紀以上にわたって続いた工業化のモデルは、企業経営のみならず、教育や政治を含めた社会のすみずみまで、そして私たちの考え方や常識のレベルにまで浸透しています。しかも、工業化のパラダイムは日本人の文化や国民性になじんでいただけに、容易には変わりません。たとえ、それを変えようという声があがっても一貫性のある議論ができないのです。

私が身を置く教育の世界も、例外ではありません。

一方ではグローバル人材の育成だとか、偏差値教育からの脱却、個性尊重だとか言いながら、他方では　小中学校で詰め込み教育が復活し、学校や自治体はどこの大学にどれだけ合格させるかを堂々と競い合っています。そして大学では、「学生を品質保証して社会に送り出せ」とまで言い出すしまつです。

このような環境の中で、企業だけが一貫性を持って改革することは、たしかに難しかったでしょう。そして企業も人も、これまで国内だけで何とかやってこられました。そこでは工業化社会のモデルが曲がりなりにも通用したのです。ところが今、いよいよそれが通用しなくなってきました。たとえ世界的に景気が回復し、わが国が一時的にその恩恵を受けたとしても、根本的な改革がなければ必ず取り残されるでしょう。

しかし、悲観しすぎる必要はありません。幸いにして日本企業も日本社会も、いったん枠組みが変わると、適応するのが早いという特質を持っています。枠組みに合わせる適応力はどこにも負けないはずです。

そこで、ゆでガエル寸前の企業を救うのには、三つのポイントがあります。

一つめは、トップダウンで組織の大枠を変えてしまうことです。本書の各章で説明したＤＩＳＣＯは相互に関連しているので、別々ではなく一斉に取り入れたほうが効果的です。

二つめは、社員を納得させ、積極的な協力を得ることです。人間はだれでも変化が不安であり、本能的に抵抗しようとします。不安を取り除き、前向きな姿勢を引き出すためには、あるべき論やきれいごとではなく、個人の本音に働きかけることが大切です。本書で一貫して述べてきたように、ポスト工業化社会では企業にとっても個人の自発的な意欲と能力の発揮が必要です。したがって、改革は個人が夢や目標を追求し、働きがいを持って仕事ができるようにするものだと理解させるよう努めるべきです。

そして三つめは、改革の進行を少し長い目で見守ることです。これまで改革の失敗事例をみていると、改革につきものの混乱が生じた段階で拙速に失敗と判断し、改革をあきらめるケースが多いようです。文化や風土にまでしみこんだ組織と人間の考え方、行動を変えるには、ある程度の時間がかかります。ローソン社長の新浪剛史氏も、分権経営が動きはじめたと実感できるまでに5年かかったといいます（『個を動かす』）。ローソンのように若い企業でさえそれだけの年数がかかるのだから、本当に改革が必要な古い企業では、いっそう辛抱強く改革の進行を見守る必要があります。

少し視野を広げ、少し長い目で見れば、改革によって企業と社員、そしてわが国全体の「三方よし」が実現できるでしょう。それさえ信じられたら、組織は大きく変われるに違いありません。

本書の執筆に際して、日本経済新聞出版社経済出版部の増山修氏からは、「これまでの日経文庫の枠を越えるエッジの効いたものを」と依頼されました。したがって、組織づくりのための一般的な概説書というよりも、新しい時代にマッチした組織とは何かを追究し、思い切って改革の方向を示してきたつもりです。

ただ、一方では、企業が実際に取り入れて効果のあるものでなければなりません。そのため、国内ではさまざまな業種や規模の企業を訪ね、現場を見学し、話を聞いて回りました。また、この10年ほどの間に訪れて取材したアメリカ、イギリス、フランス、ドイツ、イタリア、スウェーデン、中国、韓国、シンガポールなどの企業のデータや情報も参考にしました。さらに経営者やマネジャーの集まりでは、本書で述べたような改革が実現可能かどうかを聞きました。

取材や意見交換に快く応じていただいた方々には心よりお礼を申し上げます。また、本書執筆の機会を与えていただいた日本経済新聞出版社と上述の増山氏には深く感謝いたします。

２０１３年7月

太田　肇

【参照文献】


アージリス、C（三隅二不二・黒川正流訳）『新しい管理社会の探究』産業能率短期大学、1969年。

新井紀子『コンピュータが仕事を奪う』日本経済新聞出版社、2010年。

アロンソン、Eほか（松山安雄訳）『ジグソー学級』原書房、1986年。

池田信太朗『個を動かす―新浪剛史 ローソン作り直しの10年―』日経BP社、2012年。

ウェーバー、M（濱島朗訳）『権力と支配』有斐閣、1967年。

英『エコノミスト』編集部（東江一紀・峯村利哉訳）『2050年の世界』文藝春秋社、2012年。

太田肇『仕事人《しごとじん》と組織』有斐閣、1999年。

――『日本的人事管理論』中央経済社、2008年。

――『承認とモチベーション―実証されたその効果―』同文舘出版、2011年。

――・日本表彰研究所『表彰制度』東洋経済新報社、2013年。

片山修『イノベーション企業の研究』PHP研究所、2007年。

黒岩健一郎ほか『なぜ、あの会社は顧客満足が高いのか』同友館、2012年。

デシ、E・L（安藤延男・石田梅男訳）『内発的動機づけ』誠信書房、1980年。

ドラッカー、P・F（林雄二郎訳）『断絶の時代』ダイヤモンド社、1969年。

トンプソン、V・A（大友立也訳）『洞察する組織』好学社、1971年。

野村総合研究所『続・変わりゆく日本人―生活者一万人にみる日本人の価値観・消費行動―』野村総合研究所、2001年。

ハーズバーグ、F（北野利信訳）『仕事と人間性―動機づけ‐衛生理論の新展開―』東洋経済新報社、1968年。

長谷川英祐『働かないアリに意義がある』メディアファクトリー、2010年。

パッカード、V（徳山二郎、原勉訳）『ピラミッドを登る人々』ダイヤモンド社、1963年。

ピーターズ、T・J、R・H・ウォーターマン・JR（大前研一訳）『エクセレントカンパニー』講談社、1983年。

ピンク、D（池村千秋訳）『フリーエージェント社会の到来』ダイヤモンド社、2002年。

ブラフマン、O、R・A・ベックストローム（糸井恵訳）『ヒトデはクモよりなぜ強い』日経BP社、2007年。

堀場厚『京都の企業はなぜ独創的で業績がいいのか』講談社、2011年。

ホワイト、W・H『組織のなかの人間』（上・下）創元社、創元新社、1959年。

マグレガー、D（高橋達男訳）『企業の人間的側面』（新版）産業能率大学、1970年。

マズロー、A・H（小口忠彦監訳）『人間性の心理学』産業能率大学、1971年。

三品和広＋三品ゼミ『リ・インベンション』東洋経済新報社、2013年。
三戸公『公と私』未来社、1976年。
ラジアー、E・P（樋口美雄・清家篤訳）『人事と組織の経済学』日本経済新聞社、1998年。
リカート、R（三隅二不二訳）『経営の行動科学』ダイヤモンド社、1964年。
ローレンス、P・R、J・W・ローシュ（吉田博訳）『組織の条件適応理論』産業能率大学、1977年。
Adams, J. S. "Injustice in Social Exchange," in L. Berkowitz ed., *Advances in Experimental Social Psychology*, Vol. 2, Academic Press, 1965.
Domsch, M. E. and E. Hristozova (eds.) *Human Resource Management in Consulting Firms*, Springer, 2006.
Porter, L. W. and E. E. Lawler, III, *Managerial Attitudes and Performance*, Richard D. Irwin, 1968.
Robbins, S. P., *Managing Organizational Conflict*, Prentice-Hall, 1974.

太田　肇（おおた・はじめ）
1954年兵庫県生まれ。神戸大学大学院経営学研究科博士前期課程修了。京都大学経済学博士。公務員などを経験の後三重大学人文学部助教授、滋賀大学経済学部教授を経て
現在　同志社大学政策学部教授
主な著書
『プロフェッショナルと組織』（同文舘出版、1993年、組織学会賞受賞）
『個人尊重の組織論』（中公新書、1996年）
『「個力」を活かせる組織』（日本経済新聞社、2000年）
『公務員革命』（ちくま新書、2011年）　など

日経文庫1293
組織を強くする人材活用戦略
2013年9月13日　　1版1刷

著　者　太田　肇
発行者　斎田久夫
発行所　日本経済新聞出版社
http://www.nikkeibook.com/
東京都千代田区大手町1-3-7　郵便番号100-8066
電話（03）3270-0251（代）

印刷　東光整版印刷・製本　大進堂

ISBN 978-4-532-11293-6